Fränkischer Albverein (Hrsg.) · Auf dem Jakobsweg
von Tillyschanz über Schwandorf nach Nürnberg

Fränkischer Albverein (Hrsg.)

AUF DEM JAKOBSWEG

von Tillyschanz über Schwandorf nach Nürnberg

bearbeitet von Manfred Bayer, Rüdiger Scholz
und Wolfram Unger

SEEHARS

Auf dem Jakobsweg von Tillyschanz bis Nürnberg

1. Auflage 1997
Gesamtherstellung: Schneider Druck GmbH, Rothenburg o. d. T.
ISBN: 3-927598-22-4

Inhalt

Vorwort des Herausgebers

Der Heilsbronner Pfarrer Paul Geißendörfer entriß 1992 den mittelalterlichen Jakobsweg zwischen Nürnberg und Rothenburg o.d.T. der Vergessenheit und bat den Fränkischen Albverein (FAV), den alten Pilgerpfad als Wanderweg zu kennzeichnen. 1995 fand dann die offizielle Einweihung dieses „mittelfränkischen Camino" statt. Zur Eröffnung erschien das Bändchen „Auf dem Jakobsweg von Nürnberg über Heilsbronn nach Rothenburg ob der Tauber" im Seehars-Verlag, das inzwischen in 2. Auflage vorliegt.

Bald wurde der Wunsch geäußert, auch das östliche Teilstück dieses Pilgerweges zwischen der Grenze zu Tschechien und Nürnberg für den Wanderer und Fußwallfahrer kenntlich zu machen. Diese Aufgabe wurde in den letzten Monaten vom Oberpfälzer Waldverein (OWV) und Fränkischen Albverein (FAV) gemeinsam gelöst. Das aus Westmittelfranken bekannte Symbol „Weiße Muschel auf blauem Grund" verbindet nunmehr die tschechische Grenze bei Tillyschanz (Eslarn) mit den Jakobskirchen Fuchsberg, Willhof, Schwandorf, Ensdorf, Hohenburg und Sindlbach in der Oberpfalz und diese mit den Jakobskirchen Feucht und Nürnberg in Mittelfranken. Durch einen direkten Wanderweg zwischen Feucht und Stein/Deutenbach wurde auch der Anschluß an den bereits bestehenden Pilgerweg nach Rothenburg o.d.T. geschaffen.

Dem bewährten Konzept des ersten Bändchens folgend wird auch mit dieser Wegbeschreibung kein reiner Wanderführer vorgestellt. Ziel des Herausgebers und Verlags war vielmehr, auch der kulturellen Bedeutung des Jakobsweges gerecht zu werden. Der Kunsthistoriker Rüdiger Scholz M.A. hat nicht nur die am Wege liegenden sieben Jakobskirchen in ihren geschichtlichen und kunsthistorischen Bezug gestellt, sondern hat darüber hinaus alle Kunstdenkmäler am Pilgerweg detailliert erklärt. Auf seine allgemeine Einführung in die Geschichte der Jakobswallfahrt im oben erwähnten ersten Bändchen sei hier verwiesen.

Manfred Bayer, Hauptwanderwart des FAV und Autor verschiedener Wanderbücher, erwanderte sich den Weg mit offenen Augen und dem Notizblock in der Hand. Seine Hinweise zu Wegführung, Entfernungen und Einkehr- bzw. Übernachtungsmöglichkeiten werden dem Pilger neben guter Markierung und Wanderkarte eine wertvolle Hilfe sein.

Die Illustrierung der Texte ist in großen Teilen Christian Neumeister zu danken, der in enger Zusammenarbeit mit den Autoren die wesentlichen Inhalte gut ins Bild setzte. Schließlich bleibt allen ungenannten Helfern zu danken, die als Wegemeister des FAV und OWV wochenlang unterwegs waren, um die von Kurt Heinold (OWV) wiederentdeckte und neu konzipierte Pilgerroute zu kennzeichnen.

Mit dem Jakobsweg von Tillyschanz bis Rothenburg o.d.T. steht dem Pilger jetzt ein zusammenhängend markierter Weg von insgesamt 264 km von Ost nach West durch die Oberpfalz und Mittelfranken zur Verfügung. In den letzten Jahren wurde auch ein Jakobsweg von Ulm nach Konstanz fertiggestellt. Wenn die Planungen und Kennzeichnungen zwischen Prag und Tillyschanz sowie zwischen Rothenburg o.d.T. und Ulm abgeschlossen sein werden, können die Jakobswallfahrer problemlos einen durchgehenden Pilgerweg von Prag bis zum Bodensee finden. Von dort wird sie dann die „Oberdeutsche Straße" über Einsiedeln/Bern zur „Via Podensis" durch Frankreich und zum „Königsweg" durch Spanien sicher zum Ziel Santiago de Compostela führen. „E Ultreya!"

Wolfram Unger
(1. Hauptvorsitzender des Fränkischen Albvereins)

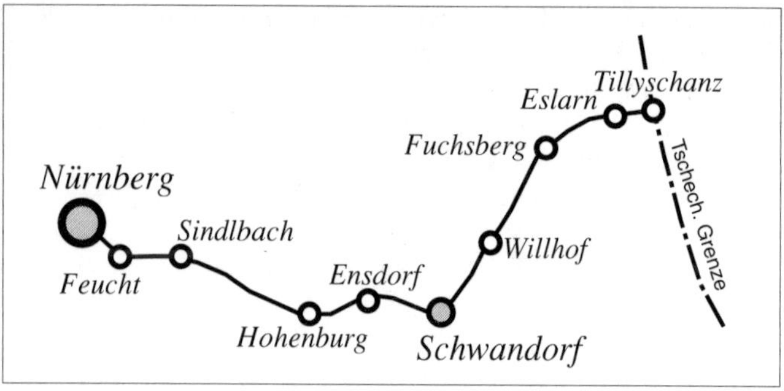

Allgemeines zur Gesamtstrecke

Das Grab des Apostels Jakobus in der nordspanischen Stadt Santiago de Compostela war zwischen dem 10. und 15. Jahrhundert das Ziel unzähliger Pilger aus ganz Europa. Das Netz der Jakobswege legte sich über den gesamten Kontinent. Einer dieser Wege führte von Prag über Nürnberg nach Rothenburg, vorbei an mehreren dem hl. Jakob geweihten Kirchen. Nachdem der Fränkische Albverein bereits eine Teilstrecke dieses „Camino" von Stein/Deutenbach bis Rothenburg mit einer weißen Jakobsmuschel auf blauem Grund markiert hat, wurde nun der Abschnitt zwischen dem tschechisch/deutschen Grenzübergang Tillyschanz und Deutenbach vollendet, wobei bis Ensdorf der Oberpfälzer Waldverein sowohl für die Routenführung als auch für die Markierungsarbeiten verantwortlich zeichnet. Wiederum verläuft der Weg durch die verschiedenartigsten Landschaften, wobei er kulturell interessante, geschichtsträchtige Orte berührt und etliche Jakobskirchen miteinander verbindet.

Wenn auch die „Jakobsmuschel" als Leitsymbol den Weg begleitet, ist es trotzdem ratsam, zusätzlich Wanderkarten und einen einfachen Kompaß als Hilfen mitzunehmen. Die Fritsch-Wanderkarte im Maßstab 1:50.000 Nr. 55 „Naturpark Nördlicher Oberpfälzer Wald", die Wanderkarte 1:50.000 des Bayer. Landesvermessungsamtes „Naturpark Oberpfälzer Wald", die Wanderkarte des Landkreises Amberg-Sulzbach 1:25.000 „Ferienland Amberg, Vils- und Lauterachtal" sowie die Fritsch-

Wanderkarten 1:50.000 Nr. 80 „Landkreis Nürnberger Land" und Nr. 75 „Nürnberg" decken die gesamte Strecke ab.

Eisenbahnanschlüsse bestehen leider nur in Schwandorf, Feucht und Nürnberg-Reichelsdorf; viele der übrigen Orte sind jedoch mit Bussen erreichbar - vor allem werktags. Alle notwendigen Informationen findet man im Kursbuch für Mittelfranken und Oberpfalz.

Von einer Vorgabe der Wanderung in festen Tagesetappen wurde abgesehen, weil jeder „Jakobspilger" sein individuelles Tagespensum je nach Leistungsfähigkeit bestimmen wird. Die Gesamtstrecke von rund 175 km ist mit Zwischenkilometern sowie mit Hinweisen zu Übernachtungen (Ü) und Einkehrmöglichkeiten (E) versehen. Übernachtungen sollten möglichst immer vorbestellt werden.

***Wanderstrecke:** Tillyschanz (E) - 4 km - Eslarn (E, Ü) - 6,5 km - Lohhof - 1 km - Gaisheim (E) - 6 km - Wildstein (E, Ü) - 2 km - Kühried - 1 km - Burkhardsberg (E, evtl. Ü) - 2 km - Fuchsberg (E, evtl. Ü) - 3 km - Teunz (E, Ü) - 2 km - Voggendorf - 2 km - Rottendorf (E, Ü) - 2 km - Enzelsberg - 3 km - Oberkatzbach - 2 km - Guteneck (E, evtl. Ü) - 4 km - Schirmdorf - 2 km - Willhof (E (Wochenende ab Freitag)) - 1 km - Unterkonhof - 4 km - Mitterauerbach (E (nur sonntags), evtl. Ü) - 2 km - Wundsheim - 3 km - Glöcklhof - 1 km - Hohenirlach (E, Ü) - 4 km - Holzhaus (E) - 8 km - Schwandorf (E, Ü) - 3 km - Ettmannsdorf - 1,5 km - Naabsiegenhofen - 2,5 km - Neukirchen (E, evtl. Ü) - 1 km - Scheckenberg - 1 km - Siegenthan - 1,5 km - Dornberg - 4,5 km - Ensdorf (E, Ü) - 7,5 km - Taubenbach - 1,5 km - Egelsheim (E) - 6 km - Stettkirchen (E, Ü) - 1 km - Hohenburg (E, Ü) - 2,5 km - Allersburg (E) - 3 km - Ransbach (E) - 6 km - Lauterach (E, evtl. Ü) - 2,5 km - Kastl (E, Ü) - 8 km - Nattershofen - 3,5 km - Trautmannshofen (E) - 9 km - Langenthal (E, Ü) - 1,5 km - Sindlbach (E, Ü) - 1,5 km - Irleshof - 3 km - Gnadenberg (E) - 3 km - Rasch (E) - 2,5 km - Prackenfels (E) - 2 km - Grünsberg (E) - 1,5 km - Altenthann (E, Ü) - 3,5 km - Rummelsberg (E, Ü) - 5 km - Feucht (E, Ü) - 4,5 km - Röthenbach bei St. Wolfgang (E, Ü) - 3,5 km - Wendelstein (E, Ü) - 4,5 km - Worzeldorf (E, Ü) - 2,5 km - Pillenreuth (E) - 4 km - Reichelsdorf (E, Ü) - 3 km - Gerasmühle (E) - 2 km - Stein/Deutenbach (E, Ü).*

Verlauf des markierten Jakobsweges in der Oberpfalz von Tillyschanz bis Sindlbach

Start an der Grenze zu Tschechien: Tillyschanz

Unsere Wanderung beginnt direkt am deutsch/tschechischen Grenzübergang ***Tillyschanz*** *(Ortsteil der Marktgemeinde Eslarn). Bevor wir jedoch die Tour starten, gehen wir unmittelbar vor dem Ortsende-Schild um das letzte Haus auf deutscher Seite (Tillyschanz 2) herum zum Wald. Wir betreten ihn und stehen auch schon vor den Überresten der Bodenschanzen, welche 1611 auf Befehl der Amberger Regierung beiderseits der Straße nach Eisendorf (Zelezna) zum Schutz gegen Einfälle aus Böhmen errichtet wurden. 1621 erfolgten einige Veränderungen an der Grenzbefestigung - wahrscheinlich auf Betreiben Tillys, der bei Roßhaupt (Rozvadov) den Truppen des Grafen von Mansfeld gegenüberlag und so seine Flanken sichern wollte; die nunmehrige Ausrichtung der Schanzen nach Westen sowie der Name „Tillyschanz" deuten darauf hin. Nähere Einzelheiten sind den informativen Tafeln zu entnehmen, die der Oberpfälzer Waldverein hier aufgestellt hat.*

Ein Waldpfad bringt uns zurück zur Fahrstraße, der wir rechts folgen. Wir passieren die Abzweigung zur Gaststätte.

Kurz darauf kreuzt in Sichtweite eines weiteren Gasthauses ein beschrankter Waldschotterweg, in welchen wir mit unserer blauweißen Muschelmarkierung und dem roten Andreaskreuz des Wallenstein-Tilly-Wegs (er begleitet uns bis Eslarn) links einbiegen. Der Forstweg steigt allmählich an. Schon nach verhältnismäßig kurzer Zeit verlassen wir den Wald und begeben uns vor zur Fahrstraße; dort weisen unsere Zeichen nach links. Wir brauchen aber nicht auf der Straße zu tippeln, sondern können den sich linksseitig neben ihr hinziehenden Grasweg benützen. Nach einem Weilchen kommen wir an der Streusiedlung Teufelstein vorbei und haben es nun nicht mehr sehr weit bis ***Eslarn****.*

Der im Loisbachtal gelegene Ort ist 1197 als „Ezelere", im 13. Jahrhundert dann als „Eslaern" und „Eslern" bezeugt. Woher der Ortsname stammt, ist nicht unumstritten: Die einen glauben, er lasse sich auf einen Personennamen Ezzo oder Ezilo zurückführen, andere vermuten, Eslarn bedeute in alter Mundart soviel wie „bei den Eseltreibern" bzw. „bei den Herdenbesitzern".

Im 13. Jahrhundert war Eslarn bereits ein Amt und damit Sitz einer, wenn auch nur lokal tätigen Verwaltung. 1499 erhielt der Ort die niedere Gerichtsbarkeit, die Urteilssprüche bei geringfügigen Vergehen erlaubte. Die Verleihung des Marktrechts fand 1613 statt, obwohl Eslarn bereits zuvor Marktfreiheiten besaß. Im Lauf seiner Geschichte wurde Eslarn von mehreren Brandkatastrophen heimgesucht, von denen zuletzt der Großbrand 1895 erhebliche Schäden verursachte und das historische Ortsbild zerstörte.

Im ältesten Pfarreienverzeichnis der Diözese Regensburg von 1326 begegnen wir bereits der Pfarrei Eslarn. Die **kath. Pfarrkirche Mariä Himmelfahrt** entstand in ihrer heutigen Gestalt in den achtziger Jahren des 17. Jahrhunderts. Über ihre Vorgängerbauten ist nur wenig bekannt: 1603 soll eine ältere Kirche an dieser Stelle bereits baufällig gewesen sein, der Dreißigjährige Krieg schließlich machte sie vollends ruinös. 1681 wurde der Neubau bewilligt und im darauffolgenden Jahr die alte Kirche abgetragen. 1689 war der barocke Kirchenbau unter Leitung des Baumeisters Johann Kirchberger aus Neustadt a. d. W. vollendet und geweiht. Der alte Westturm, der zunächst noch beibehalten worden war, wurde 1722 durch einen neuen Turm nördlich des Chors ersetzt.

Beim großen Brand 1895 fing die Turmbekrönung Feuer, die Glockenstube stürzte in den Altarraum und der barocke Hochaltar brannte ab. 1910 erfolgte der Anbau im Westen mit den beiden äußeren Treppentürmchen, die auf eine Empore führen (Architekt Hauberrisser). 1927 wurde dem Turm seine heutige, etwas überdimensionierte Zwiebelhaube aufgesetzt. 1967/69 fand eine durchgreifende Renovierung statt, bei der die Ausstattung im Inneren neu angeordnet wurde und die Kirche ihren rotweißen Außenanstrich erhielt.

Wir betreten das **Kircheninnere** durch den modernen Vorbau mit Westempore. Nach ein paar Schritten stehen wir in einem typisch barocken Saalbau, nämlich einer Wandpfeilerkirche, bei der die Strebepfeiler als nach innen verlagerte Mauerzungen mit den Pfeilern verbunden sind. Dadurch entstehen Seitenkapellen, in die Emporen eingezogen sind. Langhaus und Chor decken ein Tonnengewölbe mit Stichkappen. Ungewöhnlich ist die schlicht gehaltene Gewölbezone, bei der man damals aus Geldgründen auf Gemälde und Stukkaturen verzichten mußte.

Die **Ausstattung** ist im Zeitraum von vier Jahrzehnten nach Vollendung des Kirchenbaus entstanden, die heutige Aufstellung wurde 1967 arrangiert. Im Zentrum des Altarraums steht der überwiegend goldgefaßte Gnadenaltar, ein für die Oberpfalz typischer Akanthusaltar um 1700. Er stand ehemals links am Chorbogen und rückte an die Stelle des neubarocken Hochaltars (1896). Das Retabel besteht aus einem Sockel, der einen Stamm mit symmetrisch hervorwachsenden Akanthusblättern trägt. Das Rankenwerk umfaßt ein mit silbernen Rosen gerahmtes Oval, in dem sich die Figur der Muttergottes im Strahlenkranz befindet. Darüber bezeichnet eine Krone Maria als Himmelskönigin, ganz oben schwebt die segnende Gestalt Gottvaters mit Weltkugel und Heilig-Geist-Taube. Seitlich des Sockels stehen die hll. Joseph (mit der Zimmermannssäge) und Joachim (mit den zwei Opfertauben). Der marmorne Unterbau mit Tabernakel ist modern. Auch die beiden flankierenden Retabel gehören zur Gruppe der Akanthusaltäre. Sie befanden sich ursprünglich in den Seitenkapellen des ersten westlichen Langhausjochs, ehe sie 1967 auf modernen Sockeln hier im Altarraum zur Aufstellung kamen. Die von Akanthuswerk umrahmten Altarblätter geben links die Kreuzigung Christi, rechts das Pfingstgeschehen wieder. Einer Urkunde zufolge handelt es sich um Stiftungen von 1725.

Vor dem Chorbogen hängt eine Rosenkranzmadonna herab, die auf das beginnende 18. Jahrhundert zurückgeht (Rosenkranz 1916 erneuert). Die Darstellung der Muttergottes auf einer schlangenumwundenen Weltkugel umgeben von Lichtstrahlen ist der barocke Bildtyp der Maria Immaculata (Maria der Unbefleckten Empfängnis). Eine weitere Marienfigur steht auf einer Konsole an der Chorbogenwand links; die überlebensgroße Barockfigur wurde für den Hochaltarersatz von 1896 stellenweise überarbeitet.

Von den vier Nebenaltären im Langhaus entsprechen sich die jeweils gegenüberstehenden im Aufbau. Im ersten östlichen Joch sehen wir rechts ein Gemälde Johannes des Täufers in der Wüste, flankiert von den Heiligenfiguren Laurentius und Stephanus. Auf dem Altarblatt gegenüber ist Anna dargestellt, die ihrer Tochter Maria Leseunterricht erteilt, gerahmt von den hll. Sebastian und Franz Xaver. Die Malereien stammen aus dem beginnenden 18. Jahrhundert. In der zweiten Kapelle der Südseite befinden sich im barocken Altarschrein die Skulptur des hl. Sebastian aus dem 16. Jahrhundert, seitlich die hll. Leonhard und Nepomuk. Gegenüber ist im Schrein die Schnitzfigur des hl. Joseph zu sehen (18. Jahrhundert), begleitet von den hll. Rochus und Florian.

Der Orgelprospekt (1757) mit der kleinen Vororgel an der Brüstung und die Kanzel (1759) wurden von den Ambergern Peter Bacher und Peter Hirsch gefertigt; ihre Fassung bekamen sie erst nachträglich 1775. Am Kanzelkorpus begegnen uns traditionell die Sitzfiguren der vier Evangelisten als Verkünder des Evangeliums. Dazwischen befinden sich kleine, rocaillegerahmte Reliefdarstellungen biblischer Szenen: die Stillung des Sturms auf dem See Genezareth, die Gleichnissen vom Sämann und vom Guten Hirten. Zu Seiten der Kanzelrückwand steht je ein Engel mit dem Kreuz Christi und den Gesetzestafeln. Am Kanzeldeckel befinden sich Putten in Gestalt der vier Erdteile, auf dem Kanzeldeckel schließlich der hl. Paulus als Apostel aller Völker. Sieghardt bezeichnete die Eslarner Kanzel zurecht als ein „Prachtstück der Holzschnitzerei der Rokokozeit" (Oberpfalz, S. 435).

Eine Besonderheit in der Eslarner Kirche stellen die Zunftstangen dar, die gegenwärtig an den Wangen der Kirchenbänke zu beiden Seiten des Mittelgangs aufgestellt sind. Es handelt sich um Tragestangen, die von je einem Leuchterengel mit dem Wappen einer Zunft bekrönt sind. Mitglieder dieser Zünfte führten ihre Stangen jeweils paarweise auf kirchlichen Prozessionen mit. Da sich die Eslarner Handwerker um 1722 in Zünften organisierten, dürften die Prozessionsstangen aus dieser Zeit stammen. Für das moderne Kirchengestühl wurden reliefverzierte Wangen und Abschlußwände eines älteren – aus der Zeit um 1700 – wiederverwendet.

In der von Westen her ersten südlichen Seitenkapelle befinden

sich der Taufstein (plastische Gruppe der Taufe Jesu auf dem Deckel) und ein interessantes Votivbild mit Darstellungen der Marienkrönung und der Bauernheiligen Leonhard und Wendelin von 1743.

Unser Jakobsweg führt durch die „Bahnhofstraße", quert den Loisbach und findet seine Fortsetzung in der „Kapellenstraße". Aber schon geht es rechts ab in Richtung Atzmannsee, wo wir am Sportzentrum vorbei in wenigen Minuten ankommen. Unmittel-

bar vor dem See trennt sich unser Muschelsymbol vom roten Andreaskreuz; wir orientieren uns also nach links und laufen anfangs weglos längs des Ufers über den Rasen! Am See-Ende links zum Fahrsträßchen, auf ihm ein paar Schritte rechts, aber sofort wieder links in Richtung Pflugsbühl. Bei diesem Einzelanwesen endet die Teerung; wir müssen links durch den Waldgürtel (auch Ziffernmarkierungen begleiten uns). Ein total verwachsener, fast nicht mehr als solcher erkennbarer Wiesenweg dirigiert uns dann hinüber zur nächsten Waldabteilung, in der wir langsam ansteigen.

An einer Wegverzweigung wendet sich die Route scharf links abwärts! Wir passieren eine Lichtung und wandern bei der auf der Grabenquerung folgenden Gabelung geradeaus. Der Sandweg liefert uns an einer nicht sehr breiten Teerstraße ab, auf der wir rechts (links Gmeinsrieth!) ansteigen. Doch bereits in der Rechtskurve zweigen wir getreu unserer Markierung links ab; schöner Weg durch den langgezogenen Wald! Nach einer Weile entdecken wir einen links etwas unterhalb gelegenen idyllischen Waldweiher. Wir bleiben stets auf dem sandigen Hauptweg, der sich durch den Wald emporwindet; links unten das Loisbachtal!

Nachdem wir geraume Zeit ständig angestiegen sind, verflacht unser Weg und fällt sogar ganz leicht ab! Nun müssen wir besonders gut auf unsere Zeichen achten, denn sie weisen ganz kurz vor dem großen Stein mit der Inschrift „Kühlauweg" nach links (grüne und rote Punkte). Wir ignorieren sämtliche Abzweigungen, bleiben also immer auf dem breiten Hauptweg, der sich allmählich emporschlängelt. Oben mündet er in einen gleichrangigen Forstweg ein. Auf ihm rechts geradeaus bergab, aber gleich mit dem ersten Rechtsabzweig im Bogen aus dem Wald hinaus! Der **Lohhof** *liegt vor uns; gemeinsam mit dem „Glasschleifererweg" und dem „Märchenwanderweg" bummeln wir zu ihm hinab, wobei wir die herrlichen Rundblicke genießen. Ein Flurbereinigungsweg bringt uns in wenigen Minuten zum Weiher am Rand der ehemaligen Hofmark* **Gaisheim**, *einem erstmals 1353 urkundlich festgehaltenen leuchtenbergischen Lehen. Der Sitz des Hofmarkinhabers war direkt am Ortsbeginn (Gasthaus Zimmermann).*

Auf der Hauptstraße durch das kleine Dorf und weiter zur Sägmühle. Wir lassen sie links liegen und marschieren auf der Fahrstraße bis zum ersten Linksabzweig, in welchen wir markie-

rungsgemäß einschwenken. Er endet an einem Querweg, auf dem wir links den Tröbesbach überschreiten. Es geht im allgemeinen ziemlich geradeaus im Wald bergauf. Auch bei der Weggabelung behalten wir unsere Richtung bei; sämtliche Linksabzweigungen lassen wir unberücksichtigt. Oben an der Wegverzweigung (Steinblock!) rechts im Wald weiter! Unbeirrt bleiben wir stets auf dem breiten Forstfahrweg, der nun längere Zeit fast dauernd im Linksbogen verläuft; er führt uns quasi um den Hohen Rainstein herum, auch wenn er zwischendurch einmal rechts umbiegt. Nachdem wir auf diese Weise ziemlich lange durch den Wald angestiegen sind, kommen wir an eine weitere Wegverzweigung (Waldabteilung „Luderschlag"). Hier weist unsere Muschel geradeaus, kurz darauf beordert sie uns jedoch vor dem Sperrschild rechtwinklig links in einen Schotterweg! Endlich weicht der Wald zurück; ein herrliches Panorama liegt vor uns! Bald sind wir unten in der Ortschaft ***Wildstein****.*

Unmittelbar nach dem Feuerwehrhaus zeigt die Markierung in den rechts beginnenden Flurbereinigungsweg. Wir wenden uns jedoch schon bei der nächsten Gelegenheit wieder nach links! Rechts oben auf dem 736 m hohen Wildenstein stand einst eine 1355 erwähnte Burg, deren Geschichte aber völlig im Dunkeln liegt. Ungehindert können unsere Blicke über die hübsche hügelige Landschaft schweifen! Weiter vorne bei der Teerweggabelung müssen wir rechts kurz ansteigen. In Höhe des Sportplatzes schwenkt unsere „Pilgerroute" links herum (7,5-t-Schild). Der Weg fällt ab ins Tal des Höcherlbaches und liefert uns rechtskurvend in ***Kühried*** *ab. Im Ort bei der Bushaltestelle links in die Senke, über den Bach und auf dem Sträßchen empor nach* ***Burkhardsberg****!*

Erste Jakobskirche am Weg: Fuchsberg

Rasch haben wir das kleine Dorf durchschritten und steuern rechts auf einem Feldweg die Spitze des auf der Anhöhe liegenden Wäldchens an; von dort oben schöne Aussicht! Der nunmehr geteerte Weg senkt sich; die erste Jakobskirche unserer Wanderroute gerät ins Blickfeld! Wir erreichen sie weiter unten links-rechts auf teilweise nicht gerade bequem begehbaren Feldwegen. Den Schlüssel zur ***Fuchsberger Jakobskirche*** *bekommen wir im Ort von Familie Brand (Fuchsberg 11).*

Die **kath. Kirche St. Jakob** liegt auf halbem Weg zwischen Fuchsberg und Hermannsried. Den Bauplatz der Kirche bestimmte der Legende zufolge ein Standbild, das vom Ort aus auf wunderbare Weise mehrfach nach hier draußen „gewandert" sein soll.

Stifter der kleinen Wallfahrtskirche waren der Graf Carl Clemens von Taufkirchen zu Fuchsberg und seine Gemahlin Eleonora. Sie hatten den hl. Jakobus gebeten hatten, ihren Sohn in den Türkenkriegen vor jeglicher Verwundung zu beschützen. Als sich ihre Fürbitte erfüllte, ließen die Eheleute 1749 oder 1766 die Jakobskirche errichten. Es handelt sich in Fuchsberg also um eine Kirchenstiftung aus privaten Motiven, nicht um eine aus der Tradition des mittelalterlichen Pilgerwesens heraus entstandene Jakobskirche! Dennoch waren hier Fürbitte und Verehrung des hl. Jakobus stets lebendig, wie die zahlreichen Votivbilder an der Westwand unterhalb der Empore bezeugen.

Die sehr gepflegt wirkende Kirche wurde zuletzt 1975-1978 einer Innenrenovierung unterzogen, die aus Eigenmitteln von Gemeinde und Kirchenstiftung mitfinanziert wurde. Bei der Außenrenovierung 1991 wurden das Dach neu gedeckt und der Dachreiter mit Glocke versetzt.

Im Kircheninneren interessieren uns zunächst die Emporengemälde, die dem hl. Jakobus gewidmet sind und seiner wachsenden Bedeutung innerhalb der bildenden Kunst der Barockzeit Rechnung tragen. Wir sehen rechts den Heiligen in der legendären Schlacht von Clavigo (844) wiedergegeben, in der er dem christlichen König Ramiro I. von Asturien (842-850) im Kampf gegen die Mauren zum Sieg verholfen haben soll. Als „Maurentöter“ stand Jakobus seitdem an der Spitze der spanischen Reconquista, der Rückeroberung islamisch besetzter Gebiete. Da sich der hl. Jakobus auf diese Weise im Kampf gegen das Heidentum bewährt hatte, erfuhr seine Verehrung während des Türkenangriffs auf Mitteleuropa in der zweiten Hälfte des 17. Jahrhunderts erneut starken Auftrieb. Auch die Fuchsberger Jakobskirche wurde ja aufgrund eines Gelöbnisses anläßlich kriegerischer Auseinandersetzungen mit den Türken errichtet. Der türkische Halbmond auf dem Schild in der Bildmitte verleiht dem historischen Kampfgeschehen einen aktuellen Bezug! Im linken Emporengemälde sehen wir eine zeitgenössische Schlachtszene, in der der hl. Jakobus dem Sohn des Stifters leibhaftig beisteht. Hierbei handelt es sich um ein höchst eigenwilliges Bildmotiv, das den Charakter eines Votivbildes annimmt. Zwischen beiden Darstellungen ist das Wappen der Kirchenstifter von Taufkirchen zusammen mit einer Inschrift wiedergegeben.

Das Altarbild zeigt den hl. Jakobus sitzend in seiner typischen Reisekleidung als Pilgerpatron. Die an den Seitenwänden angebrachten Konsolfiguren stellen links Jakobus zwischen Petrus und Paulus dar, rechts die Schmerzensmutter unter dem Kreuz, begleitet von weiteren Figuren. An den Langhauswänden hängen gegen Westen die zeitgenössischen Ölporträts der beiden Stifter. Bemerkenswert sind schließlich die zahlreichen Votivtafeln an der Wand unterhalb der Westempore. Die beiden großformatigen Malereien zeigen das ehem. Schloß Fuchsberg (siehe Text unten!) im Zustand des 18. Jahrhunderts.

Herr, öffne uns

Von Burkhardsberg her kommend, steigt der Weg weiter an; der Wanderer erreicht das Flurstück „Die Platte“; ein weiter Blick tut sich auf über die sanften Berge der Oberpfalz. Senkt er seinen Blick, zeigt sich ihm die Flurkapelle St. Jakob bei Fuchsberg, eingesäumt von den Kastanienbäumen, die zur Flurkapelle gehören und den Sträuchern entlang der Straße. Der Wanderer freut sich am Blühen und Reifen in der Natur; der Pilger lenkt seinen Schritt zur Wallfahrtskirche St. Jakob, in den Sommermonaten meist geöffnet für eine Rast, die Leib und Seele erfrischt.

An der Außenwand des Kirchleins - ein Kreuz.
Davor fassen folgende Verse die Gedanken zusammen:

Groß ist Gott in der Natur,
deutlich siehst du seine Spur.
Willst du ihn noch größer seh’n,
bleib hier unterm Kreuze steh’n!

In der Kirche finden wir Ruhe - wir können nachdenken:

Herr, öffne uns für das Leise und Zarte,
daß wir hören und sehen, wo du dich zeigst.
Herr, öffne uns für die Schönheit deiner Welt,
daß wir behüten und bewahren, was du uns anvertraut.
Herr, öffne uns für Friede und Gerechtigkeit,
daß wir fördern und teilen, was nur von dir kommt.
Herr, öffne uns für Nöte und Ängste,
daß wir lindern und heilen, wie du es getan.
Herr, öffne uns für Freude und Hoffnung,
daß wir Zukunft stiften, weil du bei uns bist.

Der Wanderer und Pilger empfiehlt seinen Weg und sein Leben dem Vater im Himmel:
Herr und Gott, schenke uns den Reichtum deiner Gnade und lenke unsere Schritte auf dem Weg deiner Gebote, damit wir schon in diesem Leben Trost und Frieden finden und einst die ewige Freude erlangen.
Darum bitten wir, durch Christus unseren Herrn. Amen.

Ludwig Weiß, Pfr.

Übrigens: Weitere Darstellungen der „Schlacht von Clavigo", mit denen der hl. Jakobus im 17. Jahrhundert als Beistand wider die drohende Türkengefahr berufen werden sollte, begegnen uns im Verlauf unserer Wanderung noch in den Jakobskirchen von Ensdorf und Sindlbach (jeweils als Deckenfresko).

Wir wollen nun zum Schloß Fuchsberg weiterwandern. Auf der Straße gelangen wir rechts in ungefähr zehn Minuten hinunter in die Ortsmitte von ***Fuchsberg****. Bei der Bushaltestelle links und beim Feuerwehrhaus nochmals links abwärts!*

Rechter Hand befindet sich das von einer Mauer und an einer Seite von einem Graben umgebene **ehem. Schloß** (Haus Nr. 51, jetzt Brauerei), das wir bereits auf den Votivtafeln in der Jakobskirche abgebildet gesehen haben. Der westliche Teil des heutigen Baus dürfte noch mittelalterlich sein, das übrige wurde im 19. Jahrhundert verändert. Ab dem 14. Jahrhundert lassen sich mehrere Besitzer nachweisen, so seit 1749 auch die oben genannten Grafen von Taufkirchen.

Unten noch vor den Häusern links und über den Höcherlbach. Markierungsgemäß links auf dem Graspfad am Badeweiher entlang und über die Wiese! An deren Ende haben wir einen Feldweg unter den Füßen, der längs des Hangwaldstreifens verläuft; zu unserer Linken begleitet uns eine kleine Weiherkette. Auf dem Flurbereinigungssträßchen, das wir bald erreichen, kommen wir links in einer knappen Viertelstunde ins Ortszentrum von ***Teunz****, wo der Höcherlbach in die Murach mündet.*

1326 findet der Ort im Pfarreienverzeichnis der Diözese Regensburg als „Teintz" erstmals Erwähnung. Ende des 14. Jahrhunderts wird ein Friedrich Deynczer, der ein Gut zu „Deyncz" besaß, urkundlich genannt. Der Ortsname ist abzuleiten von tschechisch „týnec", womit eine kleine Befestigung oder Burg gemeint ist.

Die **kath. Pfarrkirche St. Lambert** wurde um 1723 errichtet. Der klassizistische Turm auf der Eingangsseite, der angeblich nach dem Entwurf des königlichen Hofarchitekten Leo von Klenze erbaut worden sein soll (vgl. Sieghardt, Oberpfalz, S. 419), stammt von 1834. Eine weitere Baumaßnahme fand 1957-59 statt, als der Chor flach geschlossen und das Chorjoch gegen Süden erweitert wurde.

Die barocke Saalkirche umfaßt drei Langhausjoche mit Stichkappentonne. In das erste westliche Joch ist eine Doppelempore eingezogen. Östlich schließen sich ein weiteres Chorjoch und der eingezogene Altarraum an, die beide mit einer modernen Holzdecke versehen sind.

Der im Altarraum stehende Hochaltar stammt aus der Klosterkirche Neukirchen beim Heiligen Blut. Im Zentrum des viersäuligen Aufbaus befindet sich das Gnadenbild der Muttergottes vor einer geschnitzten Stoffdraperie, seitlich stehen die Figuren

der hll. Joachim und Anna. Oberhalb des Sprenggiebels erscheint die Gruppe der hl. Dreifaltigkeit aus Christus, Gottvater und Heiliggeisttaube, die um die Weltkugel gruppiert ist. Dem hl. Lambertus als Patron dieser Kirche begegnen wir als kleine Figur auf dem Tabernakel. Die beiden Seitenaltäre sind einfache Arbeiten im Rokokostil. Auf dem Altarblatt links sehen wir den hl. Sebastian in der selteneren Darstellungsform als Ritter mit Pfeilen und dem Palmzweig der Märtyrer in den Händen, rechts die Schmerzhafte Muttergottes unter dem Kreuz mit dem toten Christus im Arm. Interessant sind die unterhalb der Altarblätter in die Aufbauten integrierten Reliquienschaukästen mit je einem Ölgemälde eines Märtyrers. Die Kanzel, die an Korpus und Schalldeckel mit Rocaille geschmückt und von Putten bevölkert ist, dürfte etwa gleichzeitig mit den Seitenaltären entstanden sein.

Auf die Wände des gesamten Kirchenraums verteilt finden sich neben anderen die Figuren der 12 Apostel aus der erste Hälfte des 18. Jahrhunderts; der hl. Jakobus steht an der Nordwand. Ebenda, auf einer Wandkonsole nahe des Seitenaltars, befindet sich eine bemerkenswerte kleine Figurengruppe derselben Zeit, die die Enthauptung der hl. Barbara in Szene setzt. Gegenüber auf der Südseite, im Wandbereich oberhalb der Öffnung zum modernen Anbau, hängt ein Ölgemälde mit der Berufung des Hirtenheiligen Wendelin. Im erweiterten Raumteil selbst steht der Taufstein, dessen Deckel die dafür beliebte Gruppe der Taufe Jesu ziert.

Die beiden bemerkenswerten holzgeschnitzten Beichtstühle sind in die Wände des zweiten westlichen Langhausjochs eingepaßt und stammen aus der Bauzeit der Kirche. Die Aufbauten schmücken kleine Ölbilder, die je einen „prominenten" Bußheiligen wiedergeben, nämlich Petrus auf der rechten Seite (mit dem Hahn der Verleumdung) und links Maria Magdalena (als reuige Sünderin).

Am Ende der „Ödmiesbacher Straße" weisen die Muschelzeichen nach rechts. Auf der „Nabburger Straße" marschieren wir ortsauswärts und queren anschließend mit der gebotenen Vorsicht die Bayerische Ostmarkstraße. Drüben zunächst geradeaus! Nach schätzungsweise 200 Metern wechseln wir links auf einen Feldweg über, der parallel zur Straße verläuft. Er wird zu-

nehmend grasiger und verwachsener; schließlich pirschen wir nahezu weglos am Waldrand durch das Gestrüpp! Nachdem wir auf diese Weise etliche Minuten emporgestiegen sind, verebnet sich der Weg. Wenig später schickt uns die Markierung links einwärts! Der arg verwachsene Weg lotst uns auf und ab durch den Wald. Nach einem Weilchen umkurvt er links ein Seitental, steigt etwas an, wird dabei merklich besser und mündet oben in einen schönen Forstweg. Ins Freie tretend, genießen wir den Blick über das Murachtal mit der Ruine Obermurach! Der Flurbereinigungsweg bringt uns binnen weniger Minuten nach ***Voggendorf****. Auf der Hauptstraße rechts bergan! Die zwei Kilometer bis Rottendorf müssen wir nun leider auf der Straße „tippeln“; die herrliche Landschaft entschädigt uns einigermaßen.*

In ***Rottendorf*** *(um 1200 „Ratendorf“) auf der Hauptstraße nur kurz rechts, denn bereits die erste Abzweigung schleust uns links aus dem Ort hinaus! Auf dem zwischendurch einmal auch ungeteerten Flurbereinigungsweg gelangen wir über hügeliges Gelände an den Ortsrand von* ***Enzelsberg****. Ohne Richtungsänderung queren wir direkt neben dem letzten Haus die Fahrbahn und wandern an einer Baumreihe entlang. Anschließend geht es durch die Fluren zur nächsten Fahrstraße. Auf ihr rechts bis zum ersten links abzweigenden Feldweg, in den wir einschwenken; auf den Asphalt sind die Symbole des Karl-Krampol-Wegs (gelb/rot) und des Sautreiberwegs (grün) gemalt, die uns einige Zeit begleiten! Unser total übergraster Pfad verläuft zuerst außerhalb, dann innerhalb des Waldes. Bei einer Waldwegekreuzung (Steinmarter mit der Jahreszahl 1876) ein paar Schritte rechts und sofort wieder links ab! Die Markierungen führen uns nun zuverlässig auf schönen Wegen durch abwechslungsreiche Waldpartien. Plötzlich dirigieren sie uns unversehens links auf einem überwucherten Waldweg steil empor! Bald sind wir oben und spazieren rechts ziemlich eben sozusagen um den Geisbühel (532 m) herum. Nach einer Weile fällt der Weg kräftig ab und fädelt sich in einen breiten Forstweg ein, dem wir links waldauswärts folgen. Unten im Katzbachtal liegt* ***Oberkatzbach****, wo wir wenig später eintreffen.*

Unten auf der Fahrstraße links fast bis zum Ortsende-Schild, aber kurz davor rechts ab! Beim Holzschuppen erneut rechts und auf dem Wiesenfahrweg am Weiher entlang. Bald ist der stets geradeaus führende Graspfad kaum mehr als solcher er-

kennbar. Wo zu unserer Linken die Bäume herantreten, müssen wir besonders gut aufpassen, denn die Markierungen weisen links ins Gesträuch! Doch sofort rechts auf etwas unwegsamem Pfad innerhalb des Waldrands weiter! Wo rechter Hand die Wiese aufhört, wird der Weg wieder sehr schön. Nicht lange danach mündet er in einen geschotterten Forstweg, auf welchem wir unsere Richtung beibehalten. Nach ein paar hundert Metern rückt rechts die idyllisch gelegene Felsmühle in unser Blickfeld. Hier - bei einem Weiher - machen wir einen Abstecher rechts über den Katzbach und steigen mit dem Karl-Krampol-Weg (gelb-rot-gelb) auf einem Fußpfad in fünf Minuten empor zu der Ortschaft ***Guteneck****, um dem gleichnamigen Schloß einen Besuch abzustatten.*

Schloß Guteneck liegt auf einer felsigen Anhöhe über dem Katzbachtal. Im 13. Jahrhundert bestand zunächst eine gotische Burganlage, deren Bergfried sich wohl auf dem höchstgelegenen Punkt im Westen befand (heute Schloßgarten). Hier, wo im Süden und Osten doppelte Zwingermauern vorgelagert sind, war wohl auch der ursprüngliche Zugang (heutige Straße von Norden her). Über den Mauern der gotischen Burg errichtete man später ein Schloß. Guteneck befand sich nachweislich im Besitz der Herren von Murach (1272-1574), später dann der Grafen von Kreith (ab ca. 1570-1893).

Ein Dorfbrand im Jahre 1822 vernichtete die Baulichkeiten vollends. Die Wiederherstellungsarbeiten beschränkten sich zunächst auf die Kapelle mit dem östlich anschließenden „Kirchenschloss". Erst 1894/95, als Schloß Guteneck in den Besitz des Grafen Franz von Spreti überging, wurde auch der ältere Wohnflügel unter Verwendung barocker Mauerreste über mittelalterlichen Fundamenten wiederaufgebaut. Im Zuge dieser Baumaßnahmen kam der zweigeschossige Gang mit Erdgeschoßarkaden hinzu. Seit 1961 gehört Guteneck den Grafen Beissel von Gymnich, die hier seit einiger Zeit Ferienwohnungen anbieten. Über der spitzbogigen Tür neben der Toreinfahrt sind die Wappen aller bisherigen Schloßherren angebracht.

Wieder hinab zur Felsmühle und auf dem Jakobsweg weiter! Unsere Route biegt links herum und führt in Waldrandnähe bergauf. Das grüne Quadrat des Sautreiberwegs begleitet uns nach wie vor! Der Weg verflacht etwas; zwischendurch wird der Blick über das Tal mit Unterkatzbach im Vordergrund frei. Schließlich erreichen wir einen kurvenden Waldschotterweg, dem wir rechts folgen. Markierungsgemäß bleiben wir auch bei der Schotterwegekreuzung unter Beibehaltung unserer bisherigen Richtung am Waldsaum. Kurz darauf tauchen wir aber doch links in den Wald ein! Nach einem Weilchen schwenkt unser dunkler Schotterweg rechts um. Er steigt zunehmend an und windet sich durch den Wald. Nachdem wir einen gleichrangigen Forstweg gekreuzt haben, hört die Schwarzfärbung allmählich auf; der Weg fällt sachte ab. Es dauert nun nicht mehr lange, bis wir den Wald verlassen dürfen. Doch schon heißt es aufpassen, denn wir müssen rechts auf einem Grasweg an der Baumreihe hinab nach ***Schirmdorf****, das rechts unten bereits sichtbar ist! Rechts durch das winzige Dörfchen und auf der Straße bis kurz vor das Willhofer Ortsschild!*

Reste der Romanik: St. Jakob in Willhof

Unsere Jakobsmuschel zeigt links in einen Stichweg („Altendorfer Straße 6-8"). An der „Fischerhütte" vorbei und auf dem Fußweg (Sperrschild) weiter; links mäandert die Schwarzach ganz nah zu uns heran! Der Steig endet bei den ersten Häusern von ***Willhof****.*

Der Ortsname ist wohl auf den Hof eines ersten Siedlers namens Willo zurückzuführen. Die früheste Nennung Willhofs entstammt einer Urkunde um 1150, in der die drei Brüder Bruno, Ludwig und Rüdiger von „Willinhof" dem Kloster Reichenbach am Regen ihr Gut in Pischdorf vermachten.

Dieselben Brüder könnten auch die Bauherren der **kath. Filialkirche St. Jakob** gewesen sein, vor der wir uns jetzt befinden (Schlüssel nebenan bei Fam. Baumer, Schwarzacher Straße 1). Das kleine Kirchlein dürfte um die Mitte des 12. Jahrhunderts errichtet worden sein und war wohl seit altersher Filiale von Altendorf. In seiner ursprünglichen Gestalt umfaßte der romanische Bau das Langhaus, welches ein Dachreiter schmückte, und den Chor, der zunächst nur ein einfaches Satteldach trug. 1580 war die Jakobskirche derart baufällig geworden, daß sich der da-

malige Pfarrer nicht mehr hineintraute. Erst gegen Ende des 17. Jahrhunderts entschloß man sich dann zu einer Instandsetzung. Dabei wurde der heutige Turm aufgemauert, an die Nordseite des Chors fügte man die Sakristei an, das Langhaus schließlich wurde mit großen Fenstern sowie einer flachen Bretterdecke versehen. 1966/67 gab es eine gründliche Instandsetzung, im Zuge derer die Brüstung der Westempore verändert und

einige Ausstattungsstücke entfernt wurden (Seitenaltäre, Kanzel, alte Orgel). 1994-1996 unternahm man erneut eine Generalsanierung, zu deren Abschluß die Kirche eine neue Orgel erhielt.

Durch das romanische Portal auf der Südseite gelangen wir ins Kircheninnere. An der rechten Langhauswand wurde 1966 eines der alten romanischen Fenster freigelegt. Das Tonnen-

Sankt Jakobus hilf

Auf dem Jakobusweg nach Santiago durch den böhmisch-bayerischen Raum, halten seit dem Mittelalter zahlreiche Pilgergruppen im Kirchlein zu Ehren des hl. Apostels Jakobus in Willhof fromme Einkehr. Davon kündet uns auch die Widmungsinschrift unter dem originellen Altarbild aus dem Jahre 1682: „Gott zu Lob und den heiligen Apostl Jacob zu Ehrn ...".
Von wundersamer Sorge um das ewige Heil getrieben, suchten die Christen des Mittelalters Fürsprache bei den Heiligen. Geängstigt von früher Sterblichkeit, Pest, Aussatz, Hunger und Krieg wagten sie sich in kleinen Gruppen auf weite Pilgerwege, nicht achtend der Gefahren und Strapazen, die sie bedrohten. Eines der bedeutendsten Pilgerziele in ganz Europa war das Grab des Apostels Jakobus im nordspanischen Santiago de Compostela. Die Pilger zogen betend von einem Jakobuskirchlein zum nächsten, die auch in unserem Raum ihre Wege säumten. Getrieben von der in einer französischen Urkunde aufgefundenen Motivation: „Um meinen Gott gnädig zu stimmen, tat ich das Gelübde, nach Galicien zu ziehen, um den großen heiligen Jakobus zu sehen".
Väter verließen für ein Jahr Familie und Hof, Büßer erflehten Verzeihung ihrer Sünden, Straffällige wurden zur Sühnewallfahrt nach Santiago verurteilt. Körperlich und geistig Behinderte reisten mit, um vom hl. Apostel Jakobus Heilung zu erflehen. Pilgerstab, Reisetasche, großer Hut und weiter Umhang bilden die nötige Reiseausrüstung. Dazu darf die Kürbisflasche nicht fehlen. Eine gesuchte Herberge für die Pilger war wohl auch der ehemalige „Wasserwirt" im Jakobusdörflein Willhof.

Ein uraltes Gebet mag den Geist dieser frommen, heilsgeängstigten Pilger wiedergeben:

Sankt Jacobus hilf, Sankt Jacobus hilf,
im Leben und im Sterben,
o laß uns nicht verderben,
laß uns in keiner Todsünd' sterben.
Steh uns bei im letzten Streit,
Apostel Christi allezeit.

Auch wenn sich die Motivation zur Wallfahrt heute entscheidend geändert hat, eines ist den Menschen gleich geblieben: Die Suche nach einem Ziel, das Glück und Geborgenheit verheißt. Sie dürfen sicher sein, daß sie am Ende ihres Weges dieses Ziel erreichen werden.

Alfons Winner, Pfr.

gewölbe im Chor könnte ebenfalls noch der ersten Bauzeit angehören, die schmalen Spitzbogenfenster hingegen sind gotisch.

Der Hochaltar enthält im zweisäuligen, mit Sprenggiebel versehenem Aufbau ein Bild des Kirchenpatrons Jakobus d. Ä. Die Inschrift der Predella nennt die Eheleute Peter und Anna Heldt als Stifter im Jahr 1682; damals waren wohl die oben genannten Instandsetzungsarbeiten abgeschlossen, so daß der neue Hochaltar aufgestellt werden konnte. Von den beiden Seitenaltären, die 1966 bis auf die schmalen Mensen entfernt wurden, ist heute noch ein ehem. Altarblatt von 1681 an der linken Chorbogenwand vorhanden. Dargestellt ist die Erscheinung der Muttergottes mit dem Jesuskind vor Antonius von Padua. Ebenda steht eine Figur der Maria Immaculata. Gegenüber befindet sich ein Gemälde mit der Berufung des hl. Wendelin sowie eine Figur des Märtyrers Sebastian. Der moderne Kreuzweg von 1907 ist ein Werk des Malers Gegenmeier aus Steinweg bei Regensburg.

Aus dem ummauerten Friedhof hinaus und die „Schwarzacher Straße" hinab! Am Ortsende-Schild zusammen mit dem Main-Donau-Weg geradewegs in Richtung Unterkonhof. Wir laufen zunächst an der Schwarzach entlang, die wir dann überbrücken. Nachdem wir den „Stabhof" (1487 „Gstadhoff" = Hof am Ufer) passiert haben, marschieren wir auf der Straße zu dem bereits in unser Gesichtsfeld gerückten ***Unterkonhof*** *(vom Personennamen Kuno). Ein paar hundert Meter dahinter knickt das Sträßchen um (Weiser „Altendorf", dort Einkehr- und Übernachtungsmöglichkeit); hier wandern wir markierungsgemäß ohne Richtungsänderung auf dem sich langsam emporschlängelnden Feldweg weiter. Links unten erstreckt sich die Gemeinde Altendorf! Bald sind wir vom Wald umgeben. In einer Rechtskurve verabschieden wir uns von dem schönen Forstweg und spazieren auf dem übergrasten Waldweg geradeaus.*

Nun lotsen uns die Wegsymbole durch ständig wechselnde Waldpartien, wobei es längere Zeit immer leicht bergauf geht. Zwischendurch queren wir links versetzt eine Fahrstraße. Nach einer Weile verläßt uns der weiß/grün/weiße Main-Donau-Weg nach links, während wir auf unserem Jakobsweg die bisherige Richtung beibehalten. Wieder etwas später kommt von links der

Sautreiberweg (grünes Quadrat), auf dem wir rechts weiterwandern. Wir erreichen einen breiten Forstweg; auf ihm nur einige Meter links, denn schon bei der nächsten Gelegenheit streben wir rechts aus dem Wald hinaus. Durch die Fluren steuern wir das Auerbachtal an und steigen allmählich ab in die Ortschaft ***Mitterauerbach****, wo wir uns unbedingt die Kirche anschauen sollten!*

Die **kath. Filialkirche Unsere Liebe Frau** war einst eine dem hl. Leonhard geweihte Wallfahrtskirche. Ende des 15. Jahrhunderts (vor 1482) wurde Mitterauerbach zur eigenständigen Pfarrei erhoben. Als man 1778 begann, die Kirche umzubauen, erhielt sie ihr heutiges Patrozinium. 1921 wurde Mitterauerbach dann der Nachbarpfarrei Unterauerbach eingegliedert, zu der die Filialkirche bis heute gehört.

Die ältesten Mauerpartien zwischen dem Choransatz und den beiden Eingängen stammen noch aus romanischer Zeit. Gegen 1400 wurde der alte romanische durch einen langgestreckten gotischen Chor ersetzt, der Turm an der Nordseite des Langchors erhielt seine heutige Baugestalt (im Kern noch romanisch). 1778 kam es erneut zu eingreifenden Baumaßnahmen: Das Langhaus wurde erhöht und nach Westen verlängert, der Chorbogen erhielt seine heutige geschweifte Form. Auch das Kircheninnere

Kirchenvater aus der Gewölbemalerei

wurde neu gestaltet und mit einer zeitgemäßen Ausstattung versehen: Hochaltar, Kanzel, Beichtstuhl und Orgel stammen aus dieser Zeit.

An der äußeren Kirchenmauer befindet sich rechts neben dem Eingang ein mittelalterlicher Kreuzstein. Das innere Erscheinungsbild der Saalkirche prägen die baulichen Umgestaltungen des beginnenden 15. und späten 18. Jahrhunderts. Dem Langhaus mit stuckierter Pilastergliederung und verzierter Flachdecke steht der gotische, mit Kreuzrippengewölbe versehene Chorbereich zu zwei Jochen kontrastreich gegenüber. 1903 wurden hier bemerkenswerte Gewölbemalereien um 1480/1500 aufgedeckt, die kunstgeschichtlich von einigem Interesse sind. In insgesamt 28 Gewölbefeldern finden sich auf grünem, rankenverzierten Untergrund 16 ganzfigurige Engel dargestellt, die musizieren, beten, Weihrauchgefäße oder Fackeln halten. Weiterhin sind die vier lateinischen Kirchenväter zu entdecken, die vier Evangelistensymbole und vier Symbole der Jungfräulichkeit Mariä: der Löwe, der seine Jungen zum Leben durch Anhauchen erweckt; der Pelikan, der sein Herz für seine Jungen gibt; der Strauß, der seine Eier in der Sonne ausbrüten läßt; der Phönix, der verjüngt aus der Asche emporsteigt. Die Schlußsteine des Chorgewölbes sind mit dem Lamm Gottes und Rosettenmotiven verziert.

Darüber hinaus hat die Kirche eine qualitätvolle Rokokoausstattung aus der zweiten Hälfte des 18. Jahrhunderts aufzuweisen. Der Hochaltar ist ein Werk der Brüder Luybl aus Nabburg. Im Schrein befindet sich eine spätgotische stehende Muttergottes, hinter ihr halten zwei Engel einen Vorhang; die Figuren stammen noch vom gotischen Vorgängeraltar. Zu Seiten des viersäuligen Aufbaus stehen die hll. Leonhard und Ägidius(?), im Auszug sehen wir Gottvater und den hl. Geist. Hinter dem Hochaltar ist die mit einem Kreuz versehene Grabplatte des Stifters aufgestellt, die man bei Renovierungsarbeiten 1967 an der Stelle fand, wo der romanische Altar vermutet wurde. Der dem hl. Joseph geweihte Seitenaltar und die Kanzel sind zeitgleich mit dem Hochaltar entstanden.

An der Nordwand des Langhauses befindet sich eine kleine, qualitätvolle Figur der thronenden Muttergottes aus Lindenholz, um 1460. Im linken Arm hält Maria den Jesusknaben, in der rechten Hand führt sie das Szepter der Himmelskönigin.

Auf der Langhaussüdseite sehen wir ein für diese Gegend typisches barockes Kreuz mit dem Kruzifix und der Mater dolorosa. Etwas weiter begegnen wir der stehenden Figur des hl. Wendelin, der als Hirtenpatron mit der Hirtenschippe ausgestattet ist, während zu seinen Füßen Schaf und Rind gruppiert sind.

Auf der Westempore ist die Rokokoorgel untergebracht, unter der Empore befindet sich der Beichtstuhl, der im Rahmen der Renovierung 1967/69 hierher versetzt wurde. Der alte pokalförmige Taufstein der Kirche aus dem 12. Jahrhundert steht mittlerweile im Eingangsbereich und dient als Weihwasserbecken.

Vor zur Hauptstraße, auf ihr rechts, aber noch vor dem Ortsende-Schild links ab in Richtung Wundsheim. Am Dorfplatz (Linde!) links ortsauswärts! Der Schotterweg kurvt links in den Wald. Erneut müssen wir ansteigen! Nach einem Weilchen beschreibt unser breiter Weg einen Links- und anschließend einen langgezogenen Rechtsbogen. Endlich sind wir oben; der Wald bleibt zurück und wir ziehen in ***Wundsheim*** *ein! Beim Weiher rechts und etwas weiter hinten links aus dem Dorf hinaus! Wir haben einen Feldweg unter den Füßen, der leicht abfällt und sich ohne merkliche Richtungsänderung durch die Fluren schlängelt, wobei er einmal ein Waldstück durchquert.*

Voraus taucht der Godlhof auf. Wir halten zunächst längs des Waldsaums darauf zu, biegen aber direkt vor den Weihern links ein und laufen an der Innenseite des Waldrands vor zu einer Wiese. Jetzt achtgeben! Wir wenden uns nach rechts, bleiben jedoch oben am Weiherdamm (also nicht in die Wiese hinunter!!). Bei der hölzernen Hütte nicht um den Weiher herum, sondern geradeaus zwischen Waldsaum und Acker auf dem grasbewachsenen Feldweg weiter! Am Ackerende kurz rechts, dann links durch die Waldzunge und abermals links zum ***Glöcklhof****. Wir bleiben auf der Straße (voraus die Häuser von Raffach) bis zur Hochspannungsleitung. Dort schwenken wir in den rechts sich lösenden Feldweg ein. Oben beim Beginn des Steinbruchs sofort weglos links hinauf in den Wald und rechts in Bruchrandnähe zu einem bald beginnenden, übergrasten Waldweg, der mit dem grünen „Sautreiberquadrat“ gekennzeichnet ist. An seinem Ende auf dem Querweg links aus dem Wald hinaus und rechts an* *dessen Rand entlang. Zwischen zwei Waldstücken hindurch erreichen wir eine Wiese, über die wir auf einem Graspfad zur Fahrstraße hinuntersteigen. Kurz darauf stehen wir vor dem Ortsschild von* **Hohenirlach**.

Die Markierungen weisen zuerst nach rechts, beordern uns aber im Linksbogen zur Straße zurück, die wir direkt überschreiten. Der Feldweg wird bereits nach einigen Metern zum Wiesenweg; rechts drüben der Ödhof! Ein paar Minuten später biegen wir rechts in einen anderen Grasweg ein (Rundblicke!). Stets geradeaus wandernd, verschwinden wir schließlich im Wald. Innen zuerst rechts, dann wieder links und - gut auf die Zeichen achten! - erneut rechts. Bald schimmert linker Hand ein Weiher durch die Bäume; nach einem „Rechts-Links-Haken" kommen wir dort an! Nun tauchen auch zu unserer Rechten Weiher auf. Am Ende des linken Weihers („Edelmannsee") gabelt sich beim Schild des Fischereivereins der Weg; wir laufen ohne Richtungsänderung auf dem rechten Ast vor zu einem Sträßchen, welchem wir rechts folgen. Es liefert uns nach kurzer Zeit beim ersten Wohngebäude der Streusiedlung Rauberweiherhaus ab. Wir schwenken rechts in die Vorfahrtsstraße ein und marschieren immer geradeaus in einer guten Viertelstunde - zuletzt auf der vielbefahrenen Staatsstraße - zur Gaststätte **Holzhaus**, *einer beliebten Wander-Einkehr!*

Endlich dürfen wir die Straße verlassen; also links ab und mit unserer Jakobsmuschel an der Wirtschaft vorbei! Beim Naturschutzgebiet-Schild links in den weiherbestückten Wald; auch ein blauer Punkt und das uns schon vetraute grüne Sautreiber-Quadrat unterstützen uns bei der Wegsuche. Zum Beispiel geht es plötzlich auf einem Grasweg nach links! Zu unserer Linken blinkt der Landsknechtsweiher, gleich darauf versucht rechts der Forstweiher, uns mit seinen Wellen zu erreichen. Wenig später passieren wir den Charlottenhof, eine Einrichtung der Handwerkskammer Niederbayern/Oberpfalz. Am eingezäunten Gelände rechts vor, über die Straße und in bisheriger Richtung weiter durch den Wald! Zwischen kleineren Teichen nähert sich unsere Route dem größeren Hausweiher, an welchem wir dann entlangspazieren. Nach ein paar Minuten haben wir den Rothweiher zu unserer Linken, den wir halb umrunden. An seinem Ende zwischen zwei Weihern geradewegs an einem Feldkruzifix vorbei bis kurz vor die Autobahn. Ein links parallel zu ihr ver-

laufender übergraster Waldweg bringt uns zu einem Teerweg, auf dem wir die Autobahn überqueren können.

Drüben links in Richtung Kronstetten, aber schon nach wenigen Schritten rechts über den Graben und auf einem Trampelpfad waldeinwärts! Bei der Gabelung suchen wir rechts die Randnähe, wenden uns aber sofort wieder links nach innen. Wir haben jetzt einen „richtigen" Waldweg unter den Stiefeln, der durch den eintönigen Nadelwald kerzengerade stetig ansteigt - mitunter sogar ziemlich steil! Erst nach einer geraumen Weile zweigt unsere Jakobsroute rechts ab. Sie schlängelt sich nun sehr lange fast eben durch den Wald. Schließlich erreichen wir einen Wanderparkplatz und begeben uns vor zur Straßenkreuzung mit den hölzernen Wegweisern. Hier trennen wir uns von den Farbmarkierungen und folgen den Muschelsymbolen schräg rechts über die Straße in den Wald!

Kreisstadt Schwandorf mit Jakobspatrozinium im Zentrum

Unsere in der Breite stark variierenden Pfade liefern uns bei einer Schwandorfer Vorortsiedlung ab. In gleichbleibender Richtung auf der Schotterstraße weiter! In der Rechtskurve schicken uns die Zeichen links etwas abwärts und gleich wieder rechts am Drahtzaun entlang. An dessen Ende zweimal links herum und im Wald auf dem schmalen Hangrandweg oberhalb der Sportanlage zur nächsten kleinen Siedlung. Zuerst geradeaus, dann rechts zum Spielplatz, jedoch vor diesem links! Am eingezäunten Wasserbehälter vorbei kommen wir in die „Stielerstraße", die wir in ihrer ganzen Länge (Ausblicke!) durchlaufen. Auf einem Fußweg und über mehrere Steinstufen geht es direkt hinunter zur „Weinbergstraße", auf der wir rechts zum Blasturm gelangen, einem Rest der Stadtbefestigung aus dem 15./16. Jahrhundert. Nun betreten wir den historischen Ortskern von ***Schwandorf****.*

Eine erste Siedlung „Suainicondorf" (vom Personennamen Sweiniko) findet bereits um 1006 Erwähnung. Der Bergfried der ältesten Befestigung stand einst an der Stelle des heutigen Kirchturms von St. Jakob (am Marktplatz). 1285 ist Schwandorf ur-

kundlich als Markt bezeugt, 1446 erhielt der Ort das volle Stadtrecht (1299 bereits städtische Verfassung). Mit dem Bau der Eisenbahn 1859 kam der wirtschaftliche Aufschwung. Heute ist Schwandorf der einwohnerstärkste Ort des Landkreises und ein wichtiger Verkehrsknotenpunkt.

Vom mittelalterlichen Ensemble blieben Teile der Stadtbefestigung von 1459-1462 mit dem **sog. Blasturm** am östlichen

Stadtrand erhalten. Der ehem. Wachturm am höchstgelegenen Punkt des Ortes ist zum Wahrzeichen Schwandorfs geworden. Woher seine Bezeichnung rührt, ist allerdings nicht bekannt. Die Namen zweier bekannter Persönlichkeiten sind mit dem Blasturm verbunden: Zum einen wurde hier Konrad Max Kunz geboren, der Komponist der Bayernhymne, zum anderen malte Carl Spitzweg den Blasturm während seines kurzen Aufenthalts in Schwandorf im Jahre 1860.

Ortszentrum ist der langgezogene, nach Nordosten auf die Jakobskirche spitz zulaufende **Marktplatz**. Er liegt quer zur alten Durchgangsstraße Regensburg - Amberg, die südöstlich den Platz erreicht und auf der Nordseite etwas versetzt wieder austritt. Die meisten der ehem. Bürgerhäuser mit Treppengiebeln, die gestaffelt an den Langseiten stehen, sind im Kern noch mittelalterlich. Einen modernen Akzent setzt der Benedikt-Brunnen (auch Mönchsbrunnen), ein Werk des Münchners Rolf Nida-Rümelin 1982.

Auf dem breiten Teil des Marktplatzes befand sich bis 1808 das alte, freistehende Rathaus. Den Blickfang gegenüber bildet der fast 50 m hohe Turm der Jakobskirche, an dessen Nordseite uns die nahezu lebensgroße Nischenfigur des Pilgerheiligen und hiesigen Kirchenpatrons Jakobus d. Ä. begrüßt (moderne Nachbildung einer spätgotischen Holzfigur).

1318 ist Schwandorf erstmals als eigenständige Pfarrei nachweisbar. Die **kath. Stadtpfarrkirche St. Jakob** wurde in den Jahren kurz nach 1400 errichtet. Damals bestand in unmittelbarer Nähe, auf dem Gelände des heutigen Pfarrhofs, noch eine St.-Anna-Kapelle. Dabei handelte es sich wohl um jene „ecclesia" (Kirche), die bereits 1285 in Schwandorf urkundlich bezeugt ist. Offenbar war sie dann im späten Mittelalter zu klein geworden; 1859 schließlich trug man sie vollends ab.

Architektur und Ausstattung der Jakobskirche erfuhren in den folgenden Jahrhunderten eine äußerst wechselhafte Geschichte. Nach Fertigstellung des Chors, der in seiner heutigen Außengestalt noch auf diese erste Bauzeit zurückgeht, wurde das Langhaus in mehreren Etappen errichtet. 1470 kam es wahrscheinlich zu einer Erweiterung nach Westen, die bis an den ehem. Bergfried heranreichte. Dieser wurde 1483 in den bestehenden Kirchturm umgewandelt (Jahreszahl über dem Eingang);

Zwiebeldach und bekrönende Laterne sind moderne Zugaben von 1913.

Der Landshuter Erbfolgekrieg 1504 fügte Schwandorf schweren Schaden zu. Die Jakobskirche ging in Flammen auf, die Gewölbe des Schiffs, des Chors und einiger Seitenkapellen stürzten ein. 1520 behalf man sich zunächst mit der Einziehung einer flachen Holzdecke. Die 1542 eingeführte Reformation hatte einige Jahre später den Verlust aller Altäre und vieler liturgischer Gerätschaften zur Folge.

1678 - die Oberpfalz ist mittlerweile rekatholisiert - kam das barocke Tonnengewölbe mit Stichkappen in die Kirche, für das der italienische Baumeister Pietro Spineta verantwortlich zeichnete. Aus demselben Jahr stammen die Sakristei an der Chornordseite und das darüber liegende Oratorium des Freiherrn von Rußwurm.

1866/72 wurde das Langhaus erneut nach Westen verlängert, diesmal um zwei Joche. Gleichzeitig erfolgte eine tiefgreifende Umgestaltung des Innenraums in neugotischer Manier: Die Emporen wurden eingebaut, dem barocken Tonnengewölbe setzte man stuckierte Rippen auf, die barocke Ausstattung mußte einer neugotischen weichen. Im 20. Jahrhundert wurden Teile der neugotischen Ausstattung zunächst entfernt, später dann wieder aufgestellt und die neugotischen Kirchenstühle nachgeschnitzt. 1983 fand eine gründliche Außenrenovierung der Jakobskirche statt.

Die mehrfachen Umgestaltungen des **Kircheninneren** haben bis heute ihre Spuren hinterlassen. Die Seitenkapellen der Wandpfeilerkirche werden durch Mauerzungen gebildet, die gleichsam als nach innen verlegte Strebepfeiler einstmals das spätgotische Gewölbe getragen haben. Die heutige barocke Stichkappentonne mit den neugotisch aufgelegten Stuckrippen läßt den ursprünglichen gotischen Raumeindruck kaum noch erkennen. In die Seitenkapellen sind Emporen, in das erste westliche Joch die Orgelempore eingezogen. Die Umfassungsmauern und Fensterformen des Chors stammen dagegen noch aus der ersten Bauzeit, ebenso die Gewölbe in einigen Seitenkapellen.

Was die **Ausstattung** anbelangt, fiel nahezu alles Mittelalterliche den Zerstörungen 1504 und der Reformation zum Opfer. Der Hochaltar und die beiden Seitenaltäre stammen aus den Jahren 1866/72, als die Kirche „regotisiert" wurde. Der moderne

Altartisch über den Stufen zum Chorraum und die Kanzel kamen 1973 zur Aufstellung.

Der neugotische Hochaltar wurde nach dem Entwurf Georg Denglers vom Bildhauer P. Horchler aus Regensburg gefertigt. Die Altarbilder im Schrein zeigen Berufung und Martyrium des Kirchenpatrons Jakobus d. Ä., die Flügelinnenseiten zusammen sechs Apostel; in geschlossenem Zustand sind die Verkündigung an Maria und die Ölbergszene zu sehen. Als Maler signierten die Regensburger Michael Wittmer, F. Romae und Leopold Weinmayer. Von den beiden neugotischen Seitenaltären blieben allein die Mensen an ihrem angestammten Platz im zweiten Joch des Kirchenschiffs. Die zugehörigen Schreine wurden 1978 jeweils an die östliche Wand der ersten Seitenkapellen verbracht. Im Altarschrein auf der Nordseite sehen wir mit Theresia, Elisabeth - eine Kopie nach Riemenschneider - und Margareta Alacoque weibliche Heiligenfiguren, auf der Südseite begegnen uns in der Mitte eine Herz-Jesu-Figur und seitlich die beiden Jesuitenheiligen Aloysius und Stanislaus Kostka. An der Südwand des Chors, hoch oben auf einer Wandkonsole, ist eine spätgotische Muttergottesfigur mit Jesuskind, Szepter und Krone aufgestellt. In die Chorwände eingelassen sind Bruchstücke gotischer Grabplatten zu sehen. Sie fanden einst als Altarstufen Verwendung und blieben der Kirche auf diese Weise erhalten.

In den Seitenkapellen befinden sich u. a. bemerkenswerte Grabdenkmäler des 16. und 17. Jahrhunderts, die wir nicht außer Acht lassen sollten! Beginnend auf der Nordseite sehen wir in der (von Osten her gezählt) ersten Langhauskapelle das Epitaph des Hans Adam vom Guettenberg zum Fronberg, der 1607 im Kindesalter verstarb. Eine Ädikula umrahmt die Reliefs der Kreuzigung Jesu und des knienden Verstorbenen darunter. In der folgenden Kapelle befindet sich ein interessantes Hochrelief, das aus einer abgetragenen Kapelle in Ziegelhütte bei Pirkensee stammt. Die wiedergegebene Geißelungsszene ist nach einem Kupferstich des Hendrik Goltzius (Passionsfolge 1597) gearbeitet, links im Vordergrund wurde eine anbetende Äbtissin - wohl die Stifterin - hinzugefügt. In derselben Kapelle steht die bereits erwähnte Mensa des Seitenaltars, darauf die Figur des hl. Joseph. Weiter in Richtung Ausgang treffen wir in der übernächsten Kapelle das Epitaph des Stadtpfarrers Leonhard Strobel (gest. 1645) an.

Still werden

Über den Weinberg führt uns der Weg talwärts direkt zur Pfarrkirche St. Jakob am Marktplatz. Das Betreten der Kirche läßt uns alles andere für kurze Zeit vergessen. Angenehme Ruhe umfängt den Besucher der Kirche. Unwillkürlich zieht es den Blick nach vorne zum Hochaltar, wo die Berufung und die Enthauptung des Apostels Jakobus dargestellt sind. Der Tabernakel weist hin auf die Gegenwart Jesu Christi in der hl. Eucharistie und lädt ein zur Anbetung.

Still werden und lauschen. Ohne große Worte, im Bewußtsein zu Hause zu sein, findet der Besucher zu sich selbst. Aus der Stille wächst Kraft zu, den oft mühseligen Weg weiter zu gehen, im Vertrauen auf Gottes Hilfe und auf die Fürbitte des hl. Jakobus. Über Jahrhunderte hinweg wird hier gebetet. Nach den Stürmen der Reformationszeit vereint im Gebet um die Einheit im Glauben. Der Kreis der Apostel und vieler Heiliger die hier abgebildet sind, läßt das Gebet über die Lippen kommen. Seit dem Jahre 1400 ist St. Jakob Patron der Kirche und der Stadt Schwandorf.

Nach Verlassen der Kirche öffnet sich das Naabtal mit seinen weiten Auen und gibt dem Pilger den Weg frei entlang des Flusses auf dem Jakobsweg zur nächsten Station des Pilgerweges.

Heiliger Jakobus, bitte für uns und für den Frieden in der Welt! Ihr Heiligen unseres Landes und unseres Bistums, helft uns in den Wirrnissen unserer Zeit und geleitet uns auf unserem Pilgerweg zum ewigen Ziel unserer Pilgerschaft!

Albert Kreuzer, Pfr.

In der gegenüberliegenden Kapelle auf der Südseite sehen wir das Epitaph des Balthasar von Vestenberg zu Fronberg (gest. 1556), das den Verstorbenen kniend in Anbetung vor dem Gekreuzigten zeigt. In der übernächsten Kapelle steht die Mensa des zweiten Seitenaltars, auf der sich eine bemerkenswerte barocke Pietà-Gruppe befindet. Zu den ausdrucksvollen Gestalten der Schmerzensmutter mit dem toten Christus kommen hier noch Maria Magdalena und ein Engel hinzu. Die östliche Kapelle beherbergt das Epitaph des Ernst Hans Craft von Vestenberg zu Fronberg (gest. 1564) und seiner Gemahlin mit einer eigenwilligen Darstellung des Jüngsten Gerichts. Oben im Giebel ist das Ehewappen zu sehen, im unteren Bildfeld sind die Verstor-

benen mit ihren Kindern dargestellt. In derselben Kapelle steht auch der Taufstein, dessen Deckel die Figur Johannes des Täufers ziert.

Beim Verlassen der Kirche sollten wir nicht versäumen, den Blick auch nach oben zu richten: Innerhalb der Emporen hängen 14 Kreuzwegbilder aus der Mitte des 18. Jahrhunderts mit ansprechenden Barockrahmen. Die größtenteils modernen Glasbilder wurden 1981/82 um weitere Motive bereichert: Im Fenster über dem südlichen Eingang entdecken wir den hl. Jakobus d. Ä. (zwischen den hll. Wolfgang und Emmeran), andere Darstellungen weisen u. a. auf die von der Jakobskirche abgetrennten Pfarreien hin.

Östlich der Jakobskirche liegt der **alte Pfarrhof** (Marktplatz 16), der um 1491 (bez.) errichtet und im 16. Jahrhundert erweitert wurde. 1989-1991 fand eine gründliche Renovierung des historischen Gebäudes statt. Das in unmittelbarer Nachbarschaft gelegene neue Pfarramt wurde 1961-62 erbaut. Im Westen gegenüber der Kirche befindet sich das heutige Rathaus (seit 1921; Kirchengasse 1), dessen südlicher Teil das **ehem. Pfleghaus** beinhaltet. Der einstige Sitz des landesfürstlichen Pflegers geht auf die Zeit um 1584 zurück und bestand als solcher bis 1799. Nur ein paar Schritte weiter in Richtung Naab gelangt man zur **kath. Spitalkirche Heilig-Geist** (Spitalgasse 7), die um 1443 zusammen mit dem Bürgerspital errichtet wurde. Wie im Mittelalter üblich, befanden sich die Spitalgebäude auch in Schwandorf direkt an der Stadtmauer. Im 18. Jahrhundert und 1966 mußte die Spitalkirche bauliche Veränderungen erfahren. An der Südseite befindet sich eine kleine Johannes-von-Nepomuk-Kapelle.

Hoch über Schwandorf liegt die älteste Tochterkirche von St. Jakob, die **Wallfahrts-, Karmelitenkloster- und Pfarrkirche Unserer Lieben Frau auf dem Kreuzberg**. Die mehrteilige Bezeichnung spiegelt ihre reichhaltige Geschichte wieder. 1678 wurde hier auf ausdrücklichen Wunsch der Schwandorfer Bürgerschaft zunächst eine Kapelle für ein bereits vorhandenes Gnadenbild Mariä errichtet. Diese künstlich ins Leben gerufene „Wallfahrtsstätte“ wurde 1696-1698 zu einer größeren Wallfahrtskirche umgebaut. 1782-1784 erfolgte erneut eine bauliche Erweiterung, die der wachsenden, seit 1889 dann von den Karmeliten betreuten Wallfahrt Rechnung trug. Im Zweiten Weltkrieg schließlich fiel die Kirche der Zerstörung anheim; lediglich Teile der Chormauern und das Gnadenbild blieben damals unversehrt! 1949-1952 entstand die heutige Kirche, in der sich das Gnadenbild - eine barocke Kopie nach dem Innsbrucker Mariahilfbild Cranachs d. Ä. - im Zentrum des Hochaltars befindet. 1967 erhielt die Wallfahrts- und Klosterkirche dann auch ihre eigene Pfarrgemeinde.

Die beeindruckende Gestaltung des Kircheninneren übernahmen der Münchener Blasius Spreng in Zusammenarbeit mit einer Gruppe junger Künstler. Die reiche Ausstattung des Marienmünsters, sein Mosaikfußboden und seine Deckengemälde haben es zu einem sehenswerten Beispiel moderner Kirchenkunst gemacht.

Vom Marktplatz über die Naabbrücke, welche die Verbindung zum Stadtteil Krondorf herstellt (Rückblick auf die Schwandorfer Altstadt!). Drüben links die Stufen hinab und mit unserer blau-weißen Muschelmarkierung dicht am Ufer der Naab entlang. Nachdem wir eine knappe halbe Stunde am Fluß dahingewandert sind, wobei wir einmal die Bahnlinie unterquert haben, kommen jenseits der Naab die Schlösser von ***Ettmannsdorf*** *in Sicht. Falls wir uns diese aus der Nähe anschauen wollen, müssen wir - am Ortsrand angelangt - über die Brücke hinüber und danach wieder zurück!*

Das **alte Hammerschloß** (Ettmannsdorfer Straße 86) wurde 1600 auf Betreiben Wilhelm Neumayers erbaut. Zwischen 1595 und 1620 ist er als Besitzer von Ettmannsdorf urkundlich nachweisbar. Über dem Eingang des Treppenturms an der Ostseite nennt uns eine Steintafel die Initialen des Erbauers und das Jahr.

Östlich liegt das neue Schloß, ein dreigeschossiger, hufeisenförmiger Bau, der um 1700 errichtet wurde. Bauherr war die Familie von Rußwurm, die 1640-1742 im Besitz der Hofmark Ettmannsdorf war. 1861 wurde das Schloß zur Wirkungsstätte des Ordens der Frauen vom Guten Hirten, der das Gebäude 1866 schließlich auch erwarb.

Das 1031 erstmals urkundlich genannte Ettmannsdorf erlitt am 7. Februar 1958 einen schweren Verlust: Damals stürzte der Glockenturm der romanischen Kirche St. Vitalis ein, wodurch das alte Gotteshaus unwiederbringlich beschädigt wurde.

Der 1959 in Angriff genommene Neubau konnte 1970 geweiht werden.

Wir bleiben am diesseitigen Ufer, aber nur bis zum letzten Haus. Kurz, nachdem der Teerweg aufgehört hat, müssen wir nämlich der Markierung zufolge schräg rechts einen kaum wahrnehmbaren Trampelpfad emporsteigen! Oben links mit Blick auf das Bayernwerk Dachelhofen am Hangrand weiter und nach Durchschreiten der kleinen Waldzunge hinab in die Senke des Haselbachs. Auf der anderen Talseite beginnt ein asphaltierter Weg, der uns hinauf nach ***Naabsiegenhofen*** *bringt.*

Bis ins 14. Jahrhundert war hier das Geschlecht der Siegenhofer ansässig, ihre Burg allerdings ist schon längst abgegangen.

Die **kath. Kirche St. Salvator**, Nebenkirche von Neukirchen bei Schwandorf, wird erstmals 1381 urkundlich genannt. Der Bau ist jedoch wesentlich älter und geht zurück auf eine romanische Saalkirche, der in gotischer Zeit anstelle der ursprünglichen Apsis ein Rechteckchor angefügt wurde. Der Turm, der in die Südwestecke des Schiffs eingebaut ist, soll aus der Zeit um 1600 stammen. 1982 wurde die kleine Kirche, in der bis heute Gottesdienste stattfinden, renoviert.

Die Ausstattung im Inneren beschränkt sich auf wenige Stücke. (Schlüssel beim Mesner Konrad Schmidt nebenan oder im Anwesen bei der Kirche.) Der zweisäulige barocke Altaraufbau beinhaltet eine bemerkenswerte spätgotische Muttergottesfigur (um 1500), die das unbekleidet liegende Jesuskind auf beiden Armen hält. Seitlich stehen die Figuren der hll. Veit (li.) und Georg (re.), im Auszug des Altaraufbaus befindet sich ein Ölgemälde des Salvators. Des weiteren hängen in der Kirche ein Votivbild des beginnenden 19. Jahrhunderts (Chorwand) und moderne Kreuzwegstationen.

Gegenüber dem Ortsschild zweigt von der Hauptstraße ein Teerweg ab. Auf ihm marschieren wir dem Wald zu, in den wir nicht lange nach dem Ende der Asphaltierung eintauchen. Rasch haben wir ihn durchquert und steuern nun geradewegs das voraus am Hang sichtbare ***Neukirchen*** *an.*

Der Ortsname des 1233 erstmals urkundlich erwähnten „Niwenkirchen" weist uns auf den Neubau einer Kirche hin. 1326 ist

Neukirchen als selbständige Pfarrei bezeugt. Das schmucke Dorf wurde landes- und bundesweit mehrfach mit Preisen ausgezeichnet (Hinweistafel nahe der Kirche).

Die **kath. Pfarrkirche St. Martin**, die wir im Ort auf der emporkurvenden Vorfahrtsstraße passieren, hat in den Umfassungsmauern des Chors und im Turmunterbau ihre ältesten, aus mittelalterlicher Zeit stammenden Bauteile. Im 18. Jahrhundert wurden das Langhaus und der obere Teil des Turms neu errichtet. 1895/96 fand eine bauliche Erweiterung der Kirche nach Westen statt. 1975-76 erfolgte eine gründliche Renovierung der Kirche.

Das Innere ist mit einer Flachdecke versehen, die Malereien aus dem 18. Jahrhundert schmücken (später modernisiert). Im Hauptbild kommen Kranke und Arme fürbittend an den Altar des hl. Martin, während in der oberen Himmelszone die hl. Dreifaltigkeit schwebt. St. Martin (um 316/17-397) wurde vor allem durch sein demütiges Leben und sein gütiges Wirken berühmt. Die kleinen Grisaillemedaillons in den Ecken stellen auf der Chorseite beliebte Bauernheilige dar: den hl. Wendelin mit seiner Hirtenschippe und die hl. Notburga, die ihre Sichel in die Luft hängt, um sich - ohne ihr Arbeitsinstrument niederlegen zu müssen - auf den Feiertag vorzubereiten. Auf der Westseite sind eine betende Heilige zu sehen und ein Bauer, der vor einem Feldkreuz kniet. Die Malereien setzen sich in der Oberzone des Langhauses mit einer Reihe emblematischer Bildmotive fort.

Der Hochaltar mit sechssäuligem Aufbau stammt aus der Zeit um 1750. Das Altarblatt wird zusammen mit den Deckenfresken dem Kallmünzer Maler Matthias Zintl zugeschrieben. Dargestellt ist die Gründungslegende der Wallfahrt bei Neukirchen Heilig Blut, wozu die Namensgleichheit beider Orte veranlaßt haben mag. Im Auszug ist die berühmte Mantelteilung des hl. Martin zu Pferde zu sehen: Als Soldat war ihm ein nackter Bettler begegnet, dem er die Hälfte seines Mantels überließ; in der darauffolgenden Nacht erschien ihm Christus, bekleidet mit seinem Mantelstück. An den Chorwänden stehen die Figuren der hll. Wendelin (li.) und Johannes des Täufers (re.). Von der älteren Kirchenausstattung blieb der Taufstein (12./13. Jahrhundert) erhalten, dessen Becken Rundbogenarkaden zieren.

Die Seitenaltäre vom Anfang des 18. Jahrhunderts wurden mit späteren Zutaten im Stil des Rokoko versehen. Das Altarblatt des linken Seitenaltars weist eine Herz-Jesu-Darstellung auf, das des rechten ein Bild des hl. Joseph. Den Korpus der um 1750 geschaffenen Kanzel zieren die Sitzfiguren der Evangelisten als Verkünder der frohen Botschaft.

An der Langhaussüdseite folgen nach Westen weitere figürliche Martinsdarstellungen, zunächst die Mantelteilung, danach eine Einzelfigur des Heiligen mit der Gans als beigegebenem Attribut. Der Legende nach soll es eine Gans gewesen sein, die das Versteck Martins verriet, als er sich der Bischofswahl entziehen wollte. Diese „Martinsgans" wurde später das Kennzeichen des Heiligen als Patron der Gänsezucht. An der Nordwand des Langhauses befinden sich ein barocker Beichtstuhl, ein Kreuz mit dem Kruzifix und der Mater dolorosa sowie die Figur eines hl. Bischofs. Die Felder der Emporenbrüstung schmücken kleine Figuren Christi (in der Mitte) und der vier Evangelisten. Die Wangen einiger Kirchenstühle weisen geschnitzte Akanthusranken aus dem frühen 18. Jahrhundert auf.

Unsere Jakobsmuschel geleitet uns vollends aus dem Dorf hinaus, wobei wir links freie Sicht in die umliegende Landschaft haben. Unweit nach dem hohlwegartigen Rechtsknick der Straße schwenken wir rechts in das nach Scheckenberg und Siegenthan führende schmale Sträßchen ein, das aber so gut wie autofrei ist. Rechts drüben steht die Burgkapelle St. Anna, ein schlichter Bau des ausgehenden 18. Jahrhunderts. Nach einem Weilchen passieren wir die winzige Ansiedlung ***Scheckenberg****; ungefähr eine Viertelstunde später erreichen wir die idyllisch dem Weiler* ***Siegenthan*** *vorgelagerten Weiher.*

Jetzt genau achtgeben: Wir gehen nicht bis zur Hofeinfahrt, sondern wenden uns unmittelbar vor dem davor befindlichen Weiher nach links und laufen auf dem linken der beiden auseinanderstrebenden Schotterwege durch die Fluren! Wir bleiben stets auf diesem Hauptweg, der schließlich in den Wald eintaucht. Immer noch haben wir keine Veranlassung, von unserem bisherigen Kurs abzuweichen! Nachdem wir eine geraume Weile auf dem arg zerfurchten Waldweg fast ständig schnurgeradeaus gewandert sind, treten wir ins Freie und sehen die verstreuten Anwesen von ***Dornberg*** *vor uns. Die Siedlung entstand 1803 nach der Versteigerung der gleichnamigen kurfürstlichen Waldung.*

Zu St. Jakob im Wittelsbacher Kloster Ensdorf

In der Linkskurve des „Dorfsträßchens" wandern wir auf einem Feldweg markierungsgemäß geradeaus. Bald haben wir ein Waldstück zu unserer Rechten. Gleich danach quert unser Wiesenweg eine Talsenke und wird zu einer Feldfuhre mit Grasnarbe; schöne Rundblicke! Oben, direkt unter der Hochspannungsleitung, rechts hinüber zu dem Feldkreuz! Wir kreuzen den breiten Querweg und setzen unsere Tour in unveränderter Richtung fort, bis ein Acker unser direktes Weiterkommen verhindert. Irgendwie müssen wir ihn umgehen; also links an ihm entlang zu einem Feldweg, auf dem wir uns spitzwinklig rechts zurückwenden! Wieder unter der Starkstromleitung, biegen wir in den links abzweigenden Feldweg ein. Er bringt uns an dem bereits in unseren Gesichtskreis gerückten Sportplatz vorbei zu den ersten Häusern von ***Ensdorf****. Der Abstieg ins Vilstal nimmt nur ein paar Minuten in Anspruch. Unten zum Klosterkomplex mit der kath. Pfarrkirche St. Jakob!*

Die erste urkundliche Erwähnung des Ortes datiert 1028, sein Name ist vom Personennamen Enti abzuleiten. Bald schon bestand hier eine größere Siedlung mit einer Stephanskirche (dazu siehe weiter unten!). 1121 dann wurde mit der Errichtung des Klosters begonnen.

Wir betreten das **ehem. Klosterareal** durch die aufwendig gerahmte Durchfahrt (bez. 1742) im Trakt der Wirtschaftsgebäude, der dem Konvent und der Kirche westlich vorgelagert ist. Die Witschaftsgebäude bilden in Abgrenzung vom umgebenden Straßenzug einen Hof vor dem eigentlichen Kloster.

Vor uns ragt die Turmfassade der ehem. Klosterkirche auf. Südlich davon schließen sich die Konventbauten an, von denen wir den westlichen Trakt mit einem wappenbesetzten Säulenportal von 1715 vor uns haben. Die Klostergebäude sind in vier Flügeln untergebracht, die einen nahezu quadratischen Innenhof bilden. Ein weiterer geplanter Flügel, der nördlich an den Kirchturm anschließen sollte, kam nicht zur Ausführung.

Die **Geschichte des ehem. Klosters Ensdorf** reicht zurück ins 12. Jahrhundert, für das mehrere Klostergründungen im Nordgau bezeugt sind (z. B. Kastl, dem wir noch begegnen werden!). Damals hatte Graf Friedrich von Burglengenfeld-Hopfenohe-Pettendorf seinen Ort Ensdorf für die Gründung eines Klosters bestimmt, mit der er den erfahrenen Bamberger Bischof Otto (1062-1139, 1185 heiliggesprochen) betraute. Als Friedrich 1119 starb, nahm sich sein Schwiegersohn Pfalzgraf Otto I. von Wittelsbach der Klostergründung an. 1121 wurde mit der Errichtung der Klosterbauten begonnen, bereits im selben Jahr kamen Mönche aus dem cluniazensischen Reformkloster St. Blasien. 1123 weihte Bischof Otto einen ersten Holzbau, eine steinerne Kirche konnte dann 1179 teilweise geweiht werden. Das 15. Jahrhundert brachte mit der Einführung der Kastler Reform (siehe dort!) den wirtschaftlichen und kulturellen Aufschwung. Ein schwerer Brand, der 1507 Kloster und Kirche heimsuchte, leitete jedoch den Niedergang ein. 1554 wurde Ensdorf unter die weltliche Verwaltung des Kurfürsten gestellt, worauf das Klosterleben erlosch.

Nachdem die Oberpfalz zu Kurbayern gekommen war, ließ Kurfürst Ferdinand Maria ab 1669 die Restauration aller ehem. Klöster durchführen. Ensdorf war zunächst noch dem Benediktinerkloster Prüfening unterstellt, 1695 schließlich erfolgte die Wiedererhebung zur Abtei. Aus diesem Anlaß entschloß man sich, Kloster und Kirche völlig neu zu errichten. Dabei wurden sämtliche damals vorhandenen Bauten abgetragen. Der Neubau unter Abt Bonaventura Oberhuber dauerte von 1695 bis 1717 und wurde von Martin Funk und Christoph Grantauer ausge-

führt; die Bauleitung hatte wahrscheinlich ihr Lehrer Wolfgang Dientzenhofer inne. 1721-23 wurde östlich an den Chor eine Marienkapelle angefügt, die jedoch 1850 abgebrochen wurde.

Im ausgehenden Barock tat sich der Ensdorfer Abt Anselm Desing (1761-1772) auf mehreren wissenschaflichen Gebieten hervor. Das wieder zur Blüte gelangte Kloster wurde schließlich 1802 erneut säkularisiert. Ein Jahr später erfolgte die Umwandlung der einstigen Klosterkirche in die heutige Pfarrkirche St. Jakob. 1920 übernahmen die Don-Bosco-Salesianer die Klostergebäude, eine 1859 gegründete Kongregation von Priestern und Laienbrüdern zur Erziehung und Ausbildung gefährdeter Jugendlicher. Mittlerweile dienen die Klostergebäude als Salesianer-Noviziat, Teilgymnasium und Schülerwohnheim.

Wir wollen nun die **ehem. Klosterkirche und heutige Pfarrkirche St. Jakob** besichtigen. Der Turm im Westen der Kirche ist dem Langhaus vorgesetzt. Die dreiteilige Fassade hat ein prachtvolles mittleres Säulenportal aufzuweisen, in dessen Sprenggiebel uns die Figur des Ensdorfer Patronatsheiligen Jakobus d. Ä. begrüßt. In der Linken hält er den Pilgerstab, der Putto zu seinen Füßen trägt den muschelbesetzten Pilgerhut. Seitlich des Portals stehen die Figuren des hl. Bamberger Bischofs Otto (Klostermitgründer) und des hl. Benedikt (Ordensgründer). Das Portal und die Skulpturen schuf Franz Joachim Schlott 1718-1725.

Im Inneren betrachten wir zunächst den **Kirchenraum**. Es handelt sich um eine sog. Wandpfeilerkirche, einen einschiffigen Bautyp, bei dem Mauerzungen von den Wänden her in den

Kirchenraum hineinragen und mit den abschließenden Pfeilern verbunden sind. Die dabei entstehenden Raumabschnitte dienen als Seitenkapellen. Die Wandpfeiler sind durch Doppelpilaster und ein hochliegendes Gebälk gegliedert. Fenster befinden sich nur auf der nördlichen Langseite, da im Süden die Klostergebäude anschließen. Das Langhaus erstreckt sich über drei Joche, gefolgt vom etwas tieferen Querschiff in gleicher Breite. Im Osten schließt sich der einjochige Chorbereich an, an dessen Seiten nördlich die Stifterkapelle, südlich die Sakristei mit darüber liegendem offenen Mönchschor (vom Kloster aus zugänglich) angebaut sind. Den östlichen Abschluß bildet der dreiseitige Altarraum, der in seiner gesamten Breite vom Hochaltar eingenommen wird. Im Westen des Langhauses ist die Orgelempore untergebracht. Langhaus, Chorbereich und Sakristei weisen ein Tonnengewölbe mit Stichkappen auf, die Seitenkapellen Quertonnen. Die Stifterkapelle ist mit einem Kreuzgratgewölbe, die Vierung mit einer Pendentifkuppel überwölbt.

Mehr noch als die Architektur geben die Stukkaturen und die Deckengemälde der Kirche ihre künstlerische Gestalt!

Die Decke ist größtenteils mit ornamentalen Stukkaturen aus Akanthusranken überzogen, durchsetzt mit Muscheln (St. Jakobus!), Palmzweigen und Kartuschen. Sie stammen von den Brüdern Thomas (1696), Matthias und Bernhard Ehehamb (1711-12) aus Landshut sowie Philipp Jakob Schmuzer und Thomas Aicher (1716) aus Wettershausen. Bemerkenswert sind die beiden stuckierten Bäume über der Westempore, die mit ihrem Laubwerk die Orgel hinterfangen. Figürliche Stuckarbeiten befinden sich im Altarraum (weibliche Allegorien: Glaube, Hoffnung, Liebe, Kirche) und in der Vierung am Kuppelansatz (fast vollplastische Reliefs der vier Kirchenväter und der vier Evangelisten). Sie sollen größtenteils auf Egid Quirin Asam, den berühmten Architekt, Bildhauer und Stukkator aus der bayerischen Künstlerfamilie zurückgehen (Dehio in Neubearb.).

Die Deckengemälde sind mit einer Ausnahme das Werk des Cosmas Damian Asam, Maler und Architekt des bayerischen Spätbarock, Bruder des oben genannten Egid Quirin. Die Ensdorfer Fresken waren die ersten großen Auftragsarbeiten dieser Art, durch deren meisterhafte Ausführung C. D. Asam seinen späteren Ruhm begründete. Bevor wir uns dem Kuppelfresko und den Bildern der Jakobus-Legende im Langhaus zuwenden, begeben wir uns in den Chorbereich. Die dortigen Deckenfresken sind jeweils sinnreich auf ihren zugehörigen Raumteil bezogen. Das Fresko im Altarraum (dat. 1714), das als einziges wohl nicht von C. D. Asam stammt, befindet sich vor dem Hochaltar, der dem hl. Jakobus d. Ä. geweiht ist. Es zeigt den Kirchenpatron als Beschützer über „seinem" Kloster Ensdorf, seitlich des Architekturmodells knien die Stifter. In der nördlich angebauten Stifterkapelle, die das Grab des Pfalzgrafen Otto und seiner Verwandten birgt, sehen wir an der Decke den Stifter als Stammvater des Wittelsbacher Geschlechts in der Art der Wurzel-Jesse-Darstellungen wiedergegeben. Das Deckenbild über dem Mönchschor gegenüber zeigt den hl. Benedikt als Lehrer der Mönchsgemeinde.

Begeben wir uns in die Vierung und betrachten das Kuppelbild! Wir stehen unter einem figurenreichen Heiligenhimmel, der in konzentrischen Ringen zur Mittelgruppe der hl. Dreifaltigkeit emporstrebt. Am unteren Rand halbrechts ist die Signatur C. D. Asams und die Datierung 1714 zu erkennen. Das illusionistische Allerheiligenbild in der Kuppel ist eine typische Erscheinung des Barock. In den Gewölbezwickeln, den sog. Pendentifs, befinden sich ockerfarbene Camaïeu-Malereien (Ton in Ton), die Szenen aus dem Leben des hl. Jakobus d. Ä. nach der Bibel wiedergeben. Dargestellt sind (von Nordosten ausgehend im Uhrzeigersinn): Jakobus und Johannes, die Feuer über die Samaritaner herabrufen wollen (Lk 9); Jakobus wie er Gewalt über Dämonen ausübt (Mt 10); die Einsetzung der 12 Jünger, bei der Jesus die Brüder Jakobus und Johannes Donnersöhne nennt (Mk 3); die Mutter des Jakobus, die bei Jesus für ihre Söhne bittet (Mt 20).

Die Gewölbe der drei Langhausjoche enthalten größere Mittelbilder mit Szenen des Martyriums und legendären Wirkens des hl. Jakobus. Sie werden begleitet von je vier kleinformatigen Darstellungen in den Stichkappen, die Putten mit verschiedenen, zur Hauptszene passenden Accessoires zeigen. Die vergleichsweise kleinformatigen Hauptszenen sind in ihrer gleichmäßigen Verteilung auf die einzelnen Joche charakteristisch für die Frühphase der Deckenmalerei C. D. Asams. Das östliche Bild gibt in grausam-realistischer Weise die Enthauptung des Jakobus wieder, der auf diese Weise den Märtyrertod erlitt (Apg 12). Die folgende Szene zeigt den Heiligen, wie er auf einem Schimmel in die Schlacht von Clavigo (844) sprengt und den Christen zum Sieg über die Mauren verhilft. Seitdem galt Jakobus als „Maurentöter“, was zu seiner späteren Verehrung als Ritterpatron führte. Das westliche Langhausfresko stellt den Heiligen bei der Befreiung christlicher Gefangener aus der Hand der Mauren dar. Während die beiden östlichen Langhausfresken zum Altar hin orientiert sind, ist dieses westliche Fresko in Richtung Ausgang, also für den die Kirche verlassenden Betrachter konzipiert. Durch die starke perspektivische Verkürzung der Langhausszenen, wie sie hier besonders deutlich wird, erreicht C. D. Asam eine Unteransicht, mit der er den heraufblickenden Kirchenbesucher unmittelbar am Bildgeschehen teilhaben läßt.

Wir sollten nicht versäumen, auch einen kurzen Blick auf die Fresken in den Quertonnen der Seitenkapellen und des Querschiffs zu werfen! Hier finden sich 24 kleinformatige emblematische Bilder mit lateinischen Sinnsprüchen. Diese Darstellungen, die jeweils einen zur christlichen Lebensführung ermunternden Sinngehalt in Form eines Bilderrätsels wiedergeben, waren im barocken Zeitalter sehr beliebt und durch zahlreiche Emblemata-Bücher weit verbreitet.

Neben ihren berühmten Asam-Fresken birgt die Ensdorfer Jakobskirche auch eine Reihe bedeutender **Ausstattungsstücke**. Der Hochaltar aus Stuckmarmor im östlichen Chorschluß stammt aus der Erbauungszeit der Kirche. Das Altarblatt von 1712 schuf Johann Gebhard aus Prüfening. Es zeigt den hl. Jakobus, der im Himmel schwebend auf die ihn verehrenden Pilger an seinem Grab blickt. Im Auszug ist die Krönung Mariä dargestellt. Die vergoldeten Stuckfiguren über den seitlichen Durchgängen stellen die hll. Petrus (li.) und Paulus (re.) dar, oben auf dem Ansatz des Segmentbogens sitzen Johannes d. T. (li.) und Johannes Ev. (re.).

Nördlich an den Chor angebaut ist die Stifterkapelle, in der das Stiftergrabmal von 1715-21 aufgestellt ist. Der stuckmarmorne Sarkophag, der von Löwen getragen wird, beherbergt die Gebeine des Pfalzgrafen Otto von Wittelsbach und seiner Gemahlin Heilika sowie weiterer Verwandter des Stifters. 1721, anläßlich der 600-jährigen Klostergründung, wurden die Gebeine, die beim Abbruch der alten Klosterkirche sichergestellt worden waren, hier beigesetzt. Hinter dem Sarkophag erhebt sich eine Stuckädikula, an deren Pilastern trauernde Putten sitzen, seit-

Wittelsbacher Grab

lich stehen die Personifikationen der Tapferkeit und Klugheit. Das Ölgemälde gibt das Stifterpaar Otto und Heilika wieder, die Inschrift ist 1716 datiert. Bemerkenswert ist weiterhin die originale Grabplatte des Otto von Wittelsbach (gest. 1155) und der Heilika (gest. 1170), die 1721 in die östliche Seitenwand der Kapelle eingemauert wurde. Damals wurde die alte romanische Schauseite vollständig abgemeißelt und die heutige Inschrift mit darunter stehendem Allianzwappen Wittelsbach-Kastl angebracht. (Heilika, letzte Lengfelder Erbin des Grafen zu Lengfeld auf dem Nordgau, galt irrtümlich als Grafentochter aus Kastl.) Ungeachtet seiner Überarbeitung ist dieser Grabstein der älteste originale des Hauses Wittelsbach!

Gegenüber auf der Südseite schließen sich die Sakristei und der darüber liegende offene Mönchschor an. Die Sakristei kann nach Anfrage im Pfarrhof besichtigt werden. Sie ist mit wertvollen geschnitzten Möbelstücken ausgestattet, die aus der Amtszeit des Abtes Anselm Meiller (1716-41) stammen. Sein Wappen und die Jahreszahl 1741 befinden sich an einem der Schränke. Der Paramentschrank, in dem liturgische Gewänder und Behänge verwahrt werden, zeigt im Aufsatz den doppelköpfigen Reichsadler sowie Krone, Schwert und Reichsapfel. Da der bayerische Kurfürst Karl Albrecht auch deutscher Kaiser war (1742-45), könnte er als Stifter der Sakristeieinrichtung in Betracht gezogen werden.

In den Seitenkapellen der Vierung und des Langhauses ist je ein Altar aufgestellt. Dabei entsprechen sich die Altäre der Süd- und Nordseite jeweils paarweise im Aufbau und in der Ausführung. Da es sich insgesamt um acht Altäre mit reichem bildnerischen Schmuck handelt, können sie im folgenden nur summarisch beschrieben werden; eine ausführliche Würdigung findet sich im vor Ort erhältlichen Kirchenführer von Hans Zitzelsberger. Die Beichtstühle in den Langhauskapellen kamen 1736 an den Wänden gegenüber den Seitenaltären zur Aufstellung; diejenigen in den Seitenkapellen des Querschiffs sind älter. Weitere interessante Ausstattungsstücke werden im einzelnen besprochen.

Die vier östlichen Nebenaltäre sind etwa gleichzeitig mit dem Hauptaltar entstanden und stammen von Matthias Ehehamb, die Stuckreliefgruppen in den Auszügen werden der Carlone-Werkstatt zugeschrieben. Am südlichen Vierungspfeiler steht der Marienaltar mit einem Bild der Immaculata und einer Darstellung des hl. Bernhard im Auszug. An der Wand derselben Kapelle ist außerdem ein interessantes Relief um 1500 mit der Szene der Beweinung Jesu angebracht. Inmitten der barocken Kirchenausstattung begegnet uns hier „ein Werk von tiefer Ergriffenheit, Ausdruck mittelalterlicher Frömmigkeit" (Zitzelsberger, Kirchenführer Ensdorf, S. 9). Der Grabstein darunter wurde für den 1503 verstorbenen Abt Johann Hausner geschaffen. Der Altar am nördlichen Vierungspfeiler - also gegenüber - ist dem Geheimnis des Kreuzes geweiht. Der hier befindliche Grabstein stammt vom Grab des Abtes Hermann Hollfelder (gest. 1468).

In der ersten östlichen Seitenkapelle der Langhaussüdseite steht der Altar der hl. Apollonia, das Altarblatt zeigt ihr beginnendes Martyrium. Das großformatige Schutzengelbild an der Wand schuf Hans Georg Asam, Vater der berühmten Cosmas Damian und Egid Quirin. Der romanische Taufstein ist eines der wenigen erhaltenen Ausstattungsstücke der alten, 1180 geweihten Klosterkirche. Sein Fuß wurde erneuert, der Aufsatz mit der Taufe Jesu ist eine barocke Zutat. Der Altar in der gegenüberliegenden Kapelle vereinigt im Mittelbild die

Pie Pelicane Jesu Domine

Über dem Tabernakel des Hochaltars der Jakobuskirche in Ensdorf ist eine Pelikangruppe angebracht. In der Sakristei krönt eine kunstvolle Schnitzarbeit des gleichen Themas einen Ankleideschrank. Auch besitzt die Pfarrkirche Ensdorf einen Kelch, an dem eine Pelikangruppe dargestellt ist.
Um die Bedeutung dieses Themas zu verstehen, müssen wir auf sehr frühe Überlieferungen zurückgreifen, etwa auf das 2. Jhdt. Da sind Tierfabeln gesammelt, die „Typologisch auf Christus ausgedeutet werden“: Der Pelikan reißt sich die Brust auf, um mit seinem Blut seine Jungen zu nähren. Dieser Vorgang der Sage wird auf Christus übertragen: So wie der Pelikan sein Blut hingibt, um seine Jungen am Leben zu erhalten, so opfert Christus sein Blut zur Erlösung der Menschen. So kann Thomas von Aquin (1226-1274) beten: „Pie Pelicane, Jesu Domine“ (Guter, frommer Pelikan Jesus mein Herr).
Die Christliche Kunst des Barocks hat das Motiv des Pelikans mit Vorliebe aufgegriffen und sehr häufig in Bild und Skulptur dargestellt.

Dr. Hans Zitzelsberger

hl. Familie und die hl. Dreifaltigkeit in typisch barocker Manier. An der Wand befindet sich eine kleine, um 1740 entstandene Figur des hl. Johannes von Nepomuk.

Die vier westlichen Nebenaltäre sind rund vier Jahrzehnte später als die bisher gesehenen entstanden und repräsentieren den Stil des Rokoko. Wahrscheinlich stammen sie aus den Jahren 1752/59, als Johann Franz Dult und der Maler Johann Franz Lidmann nachweisbar an Altären für das Kloster Ensdorf arbeiteten.

In der südlichen Seitenkapelle begegnen wir zunächst dem Ottoaltar, geweiht dem Bamberger Bischof und Mitbegründer des Ensdorfer Klosters. Das Altarblatt zeigt den hl. Otto als Seligen des Himmels, das silbergetriebene Antependium die von ihm durchgeführte Weihe der Ensdorfer Klosterkirche. Im Auszug erscheint Heinrich II., der heiliggesprochene Gründer des Bamberger Bistums. An der Wand befindet sich eine Holzplastik der Muttergottes, um 1500, die Abt Anselm Meiller 1720 erworben hatte. In der Seitenkapelle gegenüber steht der Altar des Ordensgründers Benedikt mit einer Darstellung des Heiligen in der Glorie. Als Seitenfiguren erscheinen seine Schüler Placidus und Maurus.

Die beiden westlichen Altäre sind dem hl. Sebastian (Südseite) und dem hl. Antonius (Nordseite) geweiht.

Die Kanzel ist am zweiten östlichen Langhauspfeiler auf der Nordseite angebracht (1711/12 mit späterem Rocailledekor), gegenüber ein Kruzifix. Den Blickfang im Westen bildet die Orgel, deren imposantes Gehäuse von Hans Georg Grundler stammt. Die musizierenden Putten und König David schuf Johann Franz Dult, dem wir gerade als Mitgestalter der Rokokoaltäre begegnet sind.

Die **Bedeutung** der ehem. Ensdorfer Klosterkirche beschränkt sich nicht auf ihre berühmten Fresken allein. Zahlreiche Bildwerke geben hier Zeugnis von der Verehrung des hl. Jakobus d. Ä. Als Patron der Ensdorfer Kirche begegnen wir dem Pilgerheiligen in traditionellen wie neuartigen Darstellungen barocker Prägung. Darunter sind die Deckenmalereien Cosmas Damian Asams, der hier erste Proben seines Könnens ablegt, sicherlich von herausragender Qualität. Gleichzeitig sind sie aber auch Teil eines barocken Ganzen, zu dem Architektur, Skulptur und Malerei jener Zeit im Kirchenraum verschmelzen.

Mit unserem Markierungssymbol, der Jakobsmuschel, wenden wir uns vor dem Kloster auf der Staatsstraße nach links. Auf der rechten Straßenseite entdecken wir das Eingangstor zum alten Friedhof, den wir uns kurz anschauen wollen!

In der Nordwestecke des Friedhofs steht der baufällige Turm der **ehem. Pfarrkirche St. Stephan**, die bereits vor Gründung des Ensdorfer Klosters existierte. Später dann wurde sie dem Kloster als erste Pfarrkirche inkorporiert. 1805 schließlich wurde St. Stephan bis auf den bestehenden Turm (um 1600) abgebrochen.

In die innere Friedhofsmauer eingelassen befindet sich in Tornähe links der verwitterte **Grabstein** der 1557 verstorbenen Sibylla Zennefels, Gattin des damaligen Wolfsbacher Hammermeisters.

Nachdem wir der Staatsstraße noch gut zweihundert Meter in Richtung Schmidmühlen gefolgt sind, biegen wir rechts in die „Bahnhofstraße" ein (Weiser „Hirschwald"). Wir überbrücken die Vils (schöne Nepomuk-Statue am Geländer!), unterqueren die Umgehungsstraße und überschreiten die zum Fuß- und Radweg umfunktionierte frühere Bahntrasse. Anschließend benützen wir den rechts abgehenden „Eggenbergweg", der kurz darauf links herumbiegt. Am Ausgangspunkt des Kreuzwegs angelangt, steigen wir links unter schattigen Kastanien, begleitet von einem tief eingeschnittenen Graben, den Kalvarienberg hoch (Rückblick!). Oben geradewegs über die Straße zur ***Wallfahrtskirche auf dem Eggenberg****.*

Die **kath. Wallfahrtskirche St. Dionys und Nothelfer** geht im Ursprung auf ein Baumbild zurück, das später in einer kleinen Kapelle verehrt wurde. 1669 ließ Hans Forster vom inzwischen abgebrochenen Eggenberghof eine kleine Kirche errichten, die den Vierzehn Nothelfern geweiht wurde. Die zunehmend beliebter werdende Wallfahrt führte zu baulichen Erweiterungen in den Jahren 1732 und 1791-93. Heute wird hier in malerischer Umgebung an jedem dritten Septembersonntag im Jahr das „Eggenbergfest" gefeiert.

Der Bau ist nach Norden orientiert, der südliche, leicht eingezogene Teil ist der ältere. Sollte die Kirche abgesperrt sein, kann uns auch ein Blick durch die beiden Maueröffnungen zu Seiten des Eingangs genügen.

Das Gewölbe im Kircheninneren geht auf die jüngsten Baumaßnahmen 1791/93 zurück. Aus dieser Zeit stammen auch die beiden Rokokoaltäre, von denen der Hauptaltar den Vierzehn Nothelfern, der Seitenaltar Maria (mit einem Bild der Immaculata) geweiht ist. Die Kanzel weist bereits die klassizistischen Formen des beginnenden 19. Jahrhunderts auf.

Zwischen ehemaligem Mesnerhaus und Kirche weiter und links in den Wald! Nach einem Weilchen weisen uns unsere weißblauen Zeichen links auf einen Querweg von dem aus unser Blick weit über das Vilstal schweifen kann. Bei der Wegekreuzung vor dem Oberen Schönhof (Markierung schwierig!) wenden wir uns nach rechts. Im Wald laufen wir auf dem schönen Forstweg immer geradeaus. Nach einiger Zeit fällt er leicht ab und stößt schließlich auf ein Sträßchen. Hinüber und auf dem Schotterweg links hoch zur Wüstung „Palkering", einem völlig „von der Bildfläche" verschwundenen Bauernhof (um 1160 „Palgeringin" = bei den Leuten des Paldger). Später stand hier ein Forsthaus mit einem Waldarbeiteranwesen. Als die Forstdienststelle 1959 wegen Wassermangels aufgelöst wurde, riß man die Gebäude bis auf den heute noch existenten Geräteschuppen ab.

Erneut nimmt uns der Wald auf. In einem schwachen Linksbogen zieht sich der Weg empor; bei der Kreuzung müssen wir uns, der Muschelmarkierung gemäß, nach links orientieren. Der Weg windet sich nun in einer schier endlosen Rechtskurve bergauf, quert oben die Fahrstraße Taubenbach-Rieden und verläuft drüben so ziemlich geradeaus. Aber aufgepaßt: Nach einer Weile „beordert" uns die Jakobsmuschel rechts ab auf einen grasigen Waldweg, der auch mit alten Rotkreuzzeichen und mit einer „Zehner"-Markierung versehen ist! Er bringt uns auf ein geschottertes Waldsträßchen, welchem wir in gleichbleibender Richtung folgen. Auch bei der Wegverzweigung „Drei Linden" (Bildbaum, Holzbank) sehen wir keine Veranlassung, unsere Richtung zu ändern und wandern geradeaus auf dem in der Mitte übergrasten Waldweg weiter.

Es geht nun eine ganze Weile fast immer „der Nase nach" durch wechselnde Waldpartien; ein Forstweg (Hochsitz!) wird leicht schräg gequert. An der Gabelung weiter vorne halten wir uns links und bewegen uns auf dem arg zerfurchten Weg vorsichtig bergab. Nach nicht sehr langer Zeit wird er zum Graspfad, der schließlich merklich steiler ins Taubenbachtal abfällt. Unten zwischen den Weihern rechts hinüber zum **Forsthaus Taubenbach** *(1480 „Taubnbach" - Siedlung am tauben, d. h. wasserarmen Bach). Unmittelbar vor ihm schwenken wir nach links. Bald ist unsere gemütliche Talwanderung zu Ende, denn in Höhe des links drüben liegenden Spieshofs schickt uns die Jakobsmuschel rechts hinauf nach* **Egelsheim** *(1336 „Egelßhaym" = Zum Heim des Egil).*

Am Dorfplatz, direkt vor der Gaststätte, biegen wir in die nach Hohenburg führende Straße ein. Wir folgen ihr solange, bis sie zu einem Linksbogen ansetzt. Hier markierungsgemäß rechts ab und am Waldsaum entlang, bis uns die Zeichen links hinüber zu einem Feldgehölz dirigieren. Rechts ist die Ortschaft Mendorferbuch sichtbar. Wir folgen der dorthin führenden

Straße etliche Meter, schwenken dann aber spitzwinkelig in den links sich lösenden Weg ein. Zwischen dem Hundsberg (re.) und dem Sailerberg erreichen wir eine geschotterte Forststraße. Auf ihr nur ganz wenige Schritte rechts, dann zeigen unsere Jakobsmuscheln halblinks in einen total übergrasten Waldweg, der sich sofort links aufwärts wendet. Wo er sich gabelt, halten wir uns links. An der Graswegekreuzung geht es scharf rechts weiter! Der immer „normaler" werdende Weg schleust uns ins Freie und liefert uns kurz darauf an einer Asphaltstraße ab; die Ortschaft rechts heißt Allertshofen.

Jenseits der Straße beginnt leicht links versetzt ein Feldweg, den wir jetzt benützen; bei der Gabelung entscheiden wir uns für den rechten Wegast. Zunächst führt unsere Route durch Wald und Flur, dann schwenkt sie an der Waldspitze rechtwinklig links herum und verläuft am Waldsaum. Bald tritt der Wald auch von rechts an unseren Weg heran! Nach einem Weilchen weitet sich das Tal zu unserer Rechten, dafür wird der Weg schmäler. Wir müssen nun etwas den Hang hinauf, aber nicht lange danach schon wieder rechts hinab. Der Grasweg, den wir unter den Füßen haben, ist beiderseits von Hecken und Büschen gesäumt. Voraus wird Adertshausen sichtbar; wir steigen jedoch am Ende des „Heckenweges" spitzwinklig rechts empor!

Der hl. Jakobus auf der Lauterachbrücke und in Hohenburgs Pfarrkirche

Oben erwartet uns ein imposanter Anblick: Hoch über dem Lauterachtal ragen die „Finger" der Ruine Hohenburg in den Himmel, im Vordergrund taucht allmählich die Wallfahrtskirche ***Stettkirchen*** *auf. Ein Graspfad bringt uns schräg durch den herrlichen Wacholderhang zu ihr hinunter.*

Der Überlieferung nach soll die **kath. Wallfahrtskirche Mariä Heimsuchung** auf ein Gelübde Kaiser Ottos II. zurückgehen, das er 976 in der Schlacht gegen den bayerischen Herzog Heinrich den Zänker leistete. Der Ortsname weist uns bereits auf eine alte Kirche hin, die am „Gestätte", d. h. am Steilufer der Lauterach steht. 1391 findet Stettkirchen und damit zugleich die Kirche erstmals urkundlich Erwähnung.

Die heutige Wallfahrtskirche an der Straße von Adertshausen nach Hohenburg ist ein spätgotischer Bau, der unter Einbeziehung romanischer Mauerteile entstand. Weil die Bittgänge und Wallfahrten zur Kirche immer zahlreicher wurden, erfolgte um 1656 eine Verlängerung des Langhauses nach Westen. 1692 mußte der Chor umgebaut werden, da ihn der Dekan von Allersburg als form- und gestaltlos gerügt hatte. 1978-1983 fand eine umfangreiche Außen- und Innenrenovierung der Kirche statt.

Der mächtige Turm ist im Norden zwischen Langhaus und Chor eingefügt, seine beiden oberen Achteckgeschosse erhielt er erst um 1600. An der südlichen Langhausseite befindet sich ein romanisches Rundbogenportal, das angeblich von der Schloßruine Adertshausen stammen soll. Durch dieses Portal (Vorbau um 1600) treten wir in die Kirche ein.

Das flachgedeckte Langhaus weist sechs Joche mit Pilastergliederung auf, der eingezogene Chor zu einem Joch ist kreuzgratgewölbt. Die Deckenstukkaturen wurden anläßlich einer Renovierung 1733 angebracht; die Jahreszahl ist uns heute durch ein mittlerweile verschwundenes Chronogramm über dem Chorbogen überliefert. Das reichhaltige Bildprogramm ist ganz auf Maria bezogen: In den drei Hauptfeldern sind großformatige Chronogramme IHS, MRA und JOSEPH (z. T. durch die Orgel verdeckt) zu sehen, deren Buchstaben aus einzelnen, symbolträchtigen Bildmotiven komponiert sind. Für jedes einzelne dieser Motive lassen sich eine oder mehrere, meist marianische Bedeutungen finden. Eine ausführliche Erklärung des mittleren Chronogramms wie auch der übrigen Stuckbilder sind im vor Ort erhältlichen Kirchenführer von Martin Liedl nachzulesen. In den kleinen Seiten- und Eckfeldern sehen wir emblematische, wiederum auf Maria bezogene Bildthemen mit Spruchbändern.

An der Brüstung der Orgelempore befinden sich Gemälde mit bezugreichen musikalischen Motiven: König David, der vor der Bundeslade musiziert (2 Sam 6); Jephtas musikalisch bereiteter Empfang nach der siegreichen Schlacht (Ri 11); musizierende Engel. Derartige Emporengemälde wurden in der Regel unter Verwendung biblischer Vorlagengraphik gefertigt. Auch den beiden szenischen Darstellungen in Stettkirchen liegen Vorlagen zugrunde, deren Kompositionen seitenverkehrt auf die berühmten Bibelbilder Merians (Erstausgaben 1625/27 bzw. 1630) zurückgreifen. Die Emporenmalereien dürften ebenso wie der Deckenschmuck um 1733 entstanden sein.

Der viersäulige barocke Aufbau des Hochaltars mit Sprenggiebel und seitlichem Akanthuswerk wurde 1767 zur Aufnahme des marianischen Gnadenbildes überarbeitet. Die wundertätige Mondsichelmadonna, eine bemalte Holzfigur aus dem ausgehenden 15. Jahrhundert, kam vom Seitenaltar auf den Hochaltar. Rätselhaft ist der kleine Gegenstand, den das Jesuskind in der rechten Hand hält. Seitlich flankieren die hll. Joseph und Anna (mit Maria) den Aufbau. Aus der zweiten Hälfte des 18. Jahrhunderts stammt auch der Tabernakel mit den beiden reichhaltigen Reliquiaren. Die um 1700 geschaffenen Seitenaltäre weisen je ein Altarblatt nach 1750 auf: Links sehen wir eine Darstellung der Hirtenanbetung, rechts der hl. Familie. In den Auszügen befinden sich die hll. Barbara (li.) und Apollonia, die bei Zahnleiden angerufen wird (re.). Der Wiesheiland (= best. Darstellungstyp des gegeißelten Heiland nach dem Urbild in der Wieskirche) im Tabernakel vor dem südlichen Seitenaltar stammt aus der Mitte des 18. Jahrhunderts. An der nördlichen Chorwand sind Votivbilder angebracht, die von der lebendigen Wallfahrt Stettkirchen Zeugnis ablegen.

Die Kanzel (um 1733) ist am Korpus mit flachen Stuckreliefs geschmückt, die gleichzeitig mit den Deckenstukkaturen entstanden sind. Auch hier sind emblematische, speziell auf das Heilsgeschehen bezogene Darstellungen zu finden. Den Schalldeckel bevölkern Putten und die Evangelistensymbole, darüber ruht das Lamm Gottes mit Siegesfahne auf dem versiegelten Buch der Apokalypse. Der barocke Beichtstuhl wird von einer Figur der Maria Immaculata bekrönt, dem wichtigsten Marienbild dieser Zeit. Das mit musizierenden Putten versehene Gehäuse der Orgel, die im vorkragenden Teil der Empore in den Kirchenraum hineinragt, stammt aus dem zweiten Drittel des 18. Jahrhunderts.

Auf dem Pfad rechts neben bzw. oberhalb der Fahrstraße wandern wir zum Ortsrand von ***Hohenburg****. An der Lauterachbrücke begegnet uns unser Apostel, von Paul Schinner aus Nabburg als Pilger in Bronze gefomt. Wir folgen unserer weißblauen Markierung zum langgestreckten, von repräsentativen Häusern umrahmten Marktplatz.*

Die alte Marktanlage besteht aus zwei Reihen Giebelhäusern, die zum durchlaufenden Straßenzug hin orientiert sind. Das baulich geschlossene Ensemble lehnt sich im Norden an die Lauterach an, im Süden wird es durch einen Berg begrenzt. Im Zentrum der nördlichen Marktseite befindet sich das **Rathaus**, dessen charakteristische, blau-weiß bemalte Fassade mit Volutengiebel alle anderen Häuser überragt. Um 1562 erbaut, erfuhr es 1719/20 eine eingreifende Umgestaltung.

Bereits 1080 wird ein Ernst von Hohenburg urkundlich genannt. Der einstige Stammsitz der Herren von Hohenburg ist inzwischen eine malerische **Burgruine**, die den Markt im Südwesten weithin sichtbar überragt. Sie befindet sich heute im Gebiet des Truppenübungsplatzes Hohenfels.

Nach dem Aussterben der Hohenburger Grafen ging der Ort 1248 an das Hochstift Regensburg über. Wahrscheinlich zur selben Zeit bekam Hohenburg auch das Marktrecht verliehen. Dieses erlaubte u. a. die Errichtung einer wehrhaften Befestigung, von der heute nur noch geringfügige Reste am östlichen und westlichen Ortsrand erhalten sind. Urkundlich ist Hohenburg erst 1383 als Markt nachweisbar.

Seit der Ort den Regensburger Bischöfen gehörte, saßen ihre Pfleger auf der Burg. 1643 jedoch vernichtete eine Pulverexplosion den östlichen Flügel, der danach nicht wieder aufgebaut wurde. 1810 kam Hohenburg dann an Bayern, 1812 wurde die Burgruine auf Abbruch verkauft und abgetragen.

Im Südwesten Hohenburgs liegt die **kath. Pfarrkirche St. Jakobus d. Ä.**, die auf einen romanischen Vorgängerbau aus der Zeit um 1200 zurückgeht. Wegen Baufälligkeit kam es 1663/64 zu einem Kirchenneubau, wobei man den alten, in spätgotischer Zeit renovierten Chorturm einbezog. Da man nun aber den Chor der neuen Kirche nach Westen verlegte, wurde aus dem bisherigen Chorturm der jetzige Eingangsturm! Baumeister der barocken Neugestaltung war ein gewisser Kaspar Küchelmeier, die Weihe erfolgte 1666. Um 1725 kam es zu Veränderungen bezüglich Bau und Ausstattung, die im einzelnen angesprochen werden. Die jüngsten Renovierungen fanden 1986 außen und 1989/90 im Inneren statt.

Wir betreten das **Kircheninnere** auf der nördlichen Langhausseite. Der gegenwärtige Bau ist nach Westen orientiert, die jetzige Öffnung vom Ostturm zum Schiff war früher einmal der Chorbogen. Der Kirchensaal ist durch Pilaster gegliedert und weist eine Stichkappentonne auf, der dreiseitig geschlossene

Chor ein Kappengewölbe. Die ornamentalen Stukkaturen stammen aus der Zeit um 1725. Am Chorbogen sehen wir das Wappen Hohenburgs mit Bischofsmütze, die auf das ursprünglich hier befindliche Wappen des Hochstifts Regensburg hinweist. Uns interessieren vor allem die Jakobusdarstellungen der Deckenfresken, ursprünglich Werke des Otto Gebhard von Prüfening, die dann 1964 vom Kirchenmaler Walter Scheidemantel vollständig übermalt worden sind. Die Hauptbilder im Langhaus geben biblische Ereignisse aus dem Leben des hl. Jakobus wieder, vom Chor her: Die Mutter der Brüder Jakobus und Johannes bittet bei Jesus für ihre Söhne (Mt 20); Jakobus erleidet den Märtyrertod durch Enthauptung (Apg 12); z. T. durch die Orgel verdeckt der wunderbare Fischzug des Petrus, zugleich die Berufung des Jakobus (Lk 5). Die seitlichen Medaillonbilder stellen zehn Heilige aus den zehn Kirchen dar, die einst zum Hochstift Hohenburg gehörten. Die Grisaillen bilden emblematische Motive bzw. Engel mit Spruchbändern ab. Das Chorfresko zeigt den hl. Jakobus in der Glorie.

Eine weitere Darstellung des hl. Jakobus finden wir im Rahmen der **Ausstattung** am Hochaltar. Der viersäulige Aufbau mit dem schönen Tabernakel aus der Zeit um 1750 ist mit einem modernen Altarblatt versehen, auf dem der Münchner Maler Sebastian Hausner 1961 den hl. Jakobus als Fürsprecher Ho-

Der Jakobusweg - unser Weg

Unsere Pfarrkirche in Hohenburg ist dem hl. Jakobus geweiht. Wie auf dem Altarbild dargestellt, hält er seine schützende Hand über unseren Markt. Sein Grab in Santiago de Compostela ist neben denen von Petrus und Paulus in Rom das einzige Apostelgrab in der westlichen Welt. Zu seinem Heiligtum führen aus vielen Ländern Europas Pilgerwege, so auch durch Hohenburg. Der Jakobusweg wurde zum ersten gemeinsamen Erlebnis des Abendlandes.

Was sagt uns der hl. Jakobus heute.

1. Seid fest im Glauben wie ich und
2. geht den richtigen Weg wie ich!

Viele wurden hier getauft, haben also hier den ersten Schritt zum Glauben getan, unterstützt durch Eltern und Paten. Viele empfingen die erste hl. Kommunion und die Firmung, wo sie feierlich bekannten: Ich glaube! Christus hat uns das Glauben leichter gemacht. Er stiftete seine Kirche, in der er weiterlebt, und gab uns Hilfsmittel, die hl. Sakramente. In ihnen begegnet er uns direkt und intim. Jeder Mensch braucht zum Glauben auch die Gemeinschaft, Eltern, Priester und Gemeinde, wo Glaube weitergegeben wird.

Jesus sagt: Ich bin der Weg, die Wahrheit und das Leben. Geht meinen Weg, geht mir nach, folget mir! Symbolisiert ist das hier durch den Jakobsweg, auf dem wir uns befinden. Der Weg als Ziel, das ist das Wesentliche, das wir uns immer wieder bewußt machen müssen. Nicht aufgeben nach einem Fall, sondern sich immer wieder neu aufmachen, aufbrechen, dem ewigen Ziel entgegen, das sich symbolhaft in der Porta de la Gloria an der Kathedrale in Santiago auftut.

Dazu möge der hl. Jakobus uns ein mächtiger Beschützer sein.

Erwin Strempel, Pfr.

henburgs in Szene setzte. In den Seitenfiguren zwischen den Doppelsäulen erkennen wir die hll. Petrus und Paulus. Der linke Seitenaltar beinhaltet eine Figur der Schmerzhaften Muttergottes um 1450, die vielleicht aus der ehem. Burgkapelle stammt. Der rechte Seitenaltar mit dem Altarblatt der hl. Familie (1730) ist mit einer Figurengruppe aus der ehem. Martinskirche ausgestattet, die die Mantelteilung des Heiligen zu Pferd darstellt.

Bemerkenswert ist die um 1740 geschaffene Kanzel mit den goldgefaßten Reliefs des Sämanns, der Taufe Jesu und des Guten Hirten am Korpus. Auf dem Schalldeckel sind die Figuren des Weltenrichters und der vier Evangelisten zu sehen. An der Langhauswand gegenüber hängt ein Kreuz mit dem Kruzifix und der Mater Dolorosa, wie wir es an dieser Stelle schon mehrfach angetroffen haben. Das Kirchengestühl weist prachtvolle Akanthusschnitzereien aus der Zeit um 1725 auf.

Bevor wir die Kirche wieder verlassen, sollten wir noch einen Blick in den Ostturm werfen. Hier sind figurengeschmückte Prozessionsstangen aus dem mittleren 18. Jahrhundert aufgestellt, wie wir sie in ähnlicher Gestalt bereits in Eslarn gesehen haben.

Jenseits der Lauterach und damit außerhalb der alten Marktbefestigung liegt der Friedhof mit der **kath. Friedhofskirche St. Salvator**. Im späten 14. Jahrhundert als Spitalkirche errichtet, erfuhr sie in der Barockzeit nur geringfügige Veränderungen. Damit ist die Salvatorkirche einer der wenigen gotischen Sakralbauten dieser Gegend, die in ihrer ursprünglichen Baugestalt auf uns gekommen sind.

Wo die Staatsstraße nach rechts biegt, laufen wir mit unserer Jakobsmuschel geradeaus. Wir passieren die 1672 an Stelle eines verfallenen Vorgängerbaus errichtete Fuchsenkapelle, die eine Kreuzigungsgruppe aus dem 16. Jahrhundert birgt. Wenig später kommen wir an der schon 1390 erwähnten Hammermühle vorbei, die allerdings im Dreißigjährigen Krieg niederbrannte und dann einging. Am Ortsende wandern wir auf dem schönen Feldweg im Tal geradeaus, wobei wir die hochstehende Kirche von Allersburg im Blickfeld haben. Unser Talweg führt uns nach einem Weilchen an Fischzuchtanlagen vorbei im Linksbogen zum Wald, an dessen Rand wir entlanspazieren. Dabei genießen wir den unvergleichlichen Blick auf **Allersburg**, *dessen auf einer steilen Bergnase gelegene Wehrkirche von hier aus besonders malerisch wirkt! Auf der Teerstaße ziehen wir über die Lauterachbrücke in den Ort ein.*

Bereits im Jahr 848 ist „Alarespurg", das nach einem Siedler namens Alahari benannt ist, urkundlich bezeugt. Auch die **kath. Pfarrkirche St. Michael** existierte damals schon und war Mutterkirche für Hohenburg. Ihre heutige Baugestalt erhielt sie allerdings erst in der Gotik. Zusammen mit dem ehem. Karner liegt die Kirche auf einem steil abfallenden Bergrücken über der Lauterach, umgeben von einer wehrhaften Friedhofsbefestigung mit Schießscharten und Spuren des ehem. Wehrgangs. Wir betreten das Areal von Norden her und sehen gleich links vor der Kirche einen großen romanischen Taufstein stehen.

St. Michael wurde im Laufe der Zeit mehrfach verändert, besonders eingreifend 1745, als der Langhaussaal um ein südliches Seitenschiff erweitert und die Innenausstattung erneuert wurden. An die Südostecke des Langhauses ist der Turm angefügt, den man später noch erhöhte. Die Sakristei auf der Südseite des Chors wurde erst nachträglich errichtet. 1984/85 fand die letzte Renovierung statt. Sollte die Kirche verschlossen sein, erhalten wir den Schlüssel beim Mesner (den Weg zurück, an der Gabelung rechts, dann abwärts und zum Haus auf der gegenüberliegenden Straßenseite).

Wir betreten das **Kircheninnere** über das später angefügte, südliche Nebenschiff. Das Langhaus ist mit einer Flachdecke versehen, östlich schließt sich der mit Kreuz- und Kappengewölbe gedeckte Chor an. Der jüngere Anbau des 18. Jahrhunderts weist Emporen auf, die sich mit drei Bögen gegen das Hauptschiff öffnen. Die Stukkaturen stammen von 1745. Das große Deckengemälde im Langhaus mit der Himmelfahrt Christi schuf Georg Lang aus Deining 1870; dabei übermalte er ein älteres Deckenbild von Otto Gebhard aus Prüfening. Von den vier kleinen, ebenfalls übermalten Eckbildern, wurde aus Kostengründen lediglich das im Südosten befindliche wieder freigelegt.

Die **Kirchenausstattung** der Barockzeit mußte Ende des 19. Jahrhunderts einer neugotischen weichen, die dann später wieder größtenteils entfernt wurde. Der heutige Hochaltar kam erst Anfang der 1990er Jahre in die Kirche, die Schreinfigur des

Romanische Knotensäule

hl. Michael wurde nach Auskunft des Mesners eigens angefertigt. Vom einstigen spätbarocken Hochaltar, der zunächst durch einen neugotischen Aufbau ersetzt worden war, sind Teile in der Kirche verblieben: An der Langhausnordwand hängt das ehem. Altarblatt mit einer Darstellung des hl. Michael von Michael Wild; an der Westwand unterhalb der Empore sind die beiden früheren Seitenfiguren, die hll. Erzmärtyrer Laurentius und Stephanus zu entdecken.

Ein ähnliches Schicksal widerfuhr der alten Kanzel, von der allein ihr Figurenschmuck auf uns gekommen ist: An der nördlichen Stirnwand des Langhauses sind die Figuren der vier Evangelisten und des Salvators aufgestellt. Den Platz gegenüber auf der Südseite beherrscht eine interessante romanische Knotensäule. Ihr gebündelter Schaft wird in der Mitte scheinbar durch eine originelle Verknotung zusammengehalten. Die auf der Säule stehende Muttergottesfigur stammt aus spätgotischer Zeit. An der Südwand des Langhauses bleibt die Figur des hl. Leonhard zu erwähnen, die um 1480 entstanden ist. Angeblich soll sie aus der ehem. Leonhardskapelle, dem früheren Karner bei der Kirche, stammen.

Beim Verlassen der Kirche bemerken wir links der Tür vier Grabsteine, die erst in späterer Zeit hier versammelt wurden. Derjenige in Türnähe mit einem Kreuz, vor dessen Stamm ein Wappen steht, ist innerhalb der Reihe der älteste.

Der **ehem. Karner** (Beinhaus) aus romanischer Zeit liegt östlich der Kirche an der Friedhofsmauer. Ursprünglich handelte es sich um einen doppelgeschossigen, um 1200 errichteten Rundbau, in dem sich unten die Gruft, darüber eine Gedächtniskapelle befanden. Im 18. Jahrhundert wurde der Karner zur Hälfte abgerissen und in die neu erbaute Leonhardskapelle integriert. Diese wurde später profaniert und dient heute als Leichenhaus.

An der Südostecke des alten, heute apsisähnlichen Bauteils befindet sich außen ein kleiner Erker über reich profilierter Vorkragung. Das alte romanische Portal, das im Zuge des Umbaus vermauert worden war, konnte 1967 wieder freigelegt werden.

Auf der Hauptstraße durch das Dorf! Direkt vor dem Ortsende-Schild bedeuten uns die Muschelzeichen, daß wir halblinks den Grasweg hinabmüssen. Er geht nach etlichen Metern in Schotter über und verläuft nun ständig im Tal der Lauterach, wobei wir das Flüßchen stets zu unserer Linken haben. Ungefähr eine Dreiviertstunde wandern wir so bachaufwärts, dann überschreiten wir die Lauterach und befinden uns auch schon in ***Ransbach****. Wir wenden uns nach rechts, laufen also unterhalb der Kirche im Grund weiter! In der Folgezeit spazieren wir auf Feld-, Wie-*

sen- und Waldwegen am Rand des Lauterachtals auf und ab, mal inner-, mal außerhalb des Waldsaums. Links reicht der Truppenübungsplatz Hohenfels bis an unseren Weg heran!

Nach geraumer Zeit weitet sich das Tal; die Markierung schickt uns links in ein Seitental, aber gleich wieder rechts-links über den Mühlhauser Bach und eine Asphaltstraße. Auf einem breiten Schotterweg wandern wir nach wie vor durchs Tal der Lauterach, die zu unserer Rechten daherfließt. Wiederum eine ganze Weile später passieren wir das Gasthaus ***Lauterach****. Dieses entstand anläßlich des Baus der Eisenbahnlinie Amberg - Lauterhofen als Bahnhofs- und Ausflugsgaststätte. Die 1903 eröffnete Lokalbahn wurde ab 1972 demontiert; Teile der alten Bahnhofsgebäude und der Bahnbrücke sind noch vorhanden.*

Kloster Kastl: Ludwig der Bayer und der „brave Schweppermann“

Wir behalten unsere Richtung bei, bleiben also auf dem Talweg. Vorher werfen wir noch einen Blick hinüber auf die beeindruckende Gruppe der Lauterachfelsen! Bald haben wir die ersten Häuser von ***Kastl*** *und nicht lange danach das hoch über dem Lauterachtal gelegene Kirchenensemble im Gesichtsfeld.*

Vom schon längst stillgelegten Bahnhof bietet sich ein Abstecher zu dieser einstigen Klosterburg an!

Kirche und Konventsbauten des ehem. Benediktinerklosters überragen majestätisch den Ort, der sich halbkreisförmig um den Klosterberg und in westlicher Richtung entlang der Lauterach entfaltet. 1102 ist Kastl als „Castellum" bezeugt, eine Befestigungsanlage, an deren Stelle dann das Kloster entstand. 1323 fand die Erhebung Kastls zum Markt statt. König Ludwig der Bayer war damals persönlich in das Kastler Kloster gekommen, um Gott für seinen Sieg bei Mühldorf (1322) zu danken.

Am Marktplatz fällt das schöne Haus Nr. 17 auf, ehem. Notariat, ein verputzter Fachwerkbau, der auf das 15. Jahrhundert zurückgeht. Den nördlichen Abschluß des Marktplatzes bildet das Rathaus (Nr. 1), das angeblich 1552 errichtet wurde, heute allerdings gänzlich verändert ist.

Nach kurzem Aufstieg erreichen wir das ehem. Kloster!

Bereits im 10. Jahrhundert befand sich auf dem Felsvorsprung über der Lauterach eine Burg. Deren Besitzer, die Grafen Berengar I. von Kastl-Sulzbach, Friedrich von Kastl-Habsberg und dessen Sohn Otto sollen sich 1098 darauf geeinigt haben, die Burg in ein **Kloster** umzuwandeln. 1103 wurde die Gründung durch Papst Paschalis II. bestätigt. Als Mitbegründerin gilt Markgräfin Luitgard, Schwester des Konstanzer Bischofs Gebhard III. Letzterer organisierte wahrscheinlich den Gründungskonvent, der aus Abt Theoderich und zwölf Männern aus dem Hirsauer Reformkloster Petershausen bei Konstanz bestand. Die Benediktinermönche lebten nach den Reformbestrebungen des Klosters Cluny (Burgund), die vom Hirsauer Kloster aus seit 1079 auch in Deutschland Verbreitung fanden. Sie beinhalteten die völlige Unabhängigkeit der Kirche von weltlicher Macht und die Wiederherstellung strenger mönchischer Lebensformen. Burgundisch-cluniazensische bzw. Hirsauer Einflüsse wurden auch auf dem Gebiet der Baukunst wirksam, da die reformierte Liturgie eine bestimmte Architektur erforderte.

Schon bald nach der Inbetriebnahme des Klosters wurde in Kastl mit dem Bau der Abteikirche begonnen. 1129 erfolgte die Weihe des Chors und einer Ägidiuskapelle durch Bischof Gebhard II. von Eichstätt (1125-1149). 1139 wurde Kastl ein

„Römisches Eigenkloster“, das dem Papst direkt unterstellt war. Nachdem das Kloster 1217 überfallen und in Brand gesteckt worden war, konnte bereits zwei Jahre später die wiederhergestellte Kirche geweiht werden. Das 1235 erlangte Recht, innerhalb der Kirchenmauern zu begraben, ließ Kastl in der Folgezeit eine bedeutende Grablege für oberpfälzische Adelige werden.

Im 14. Jahrhundert erlebte das Kloster seine Blütezeit. Zahlreiche Stiftungen, an deren Urheber uns der Wappenfries der Hochschiffwände erinnert, hatten Kastl wachsende wirtschaftliche Bedeutung verliehen. Während der Regentschaft des Abtes Hermann (1323-1356) weilte König Ludwig der Bayer des öfteren hier. Auch auf geistigem und kulturellem Gebiet machte sich Kloster Kastl namhaft. 1301 übersetzte Peter von Kastl die Schriften des antiken Autors Boethius (um 480-524), dessen theologische Traktate im Mittelalter von wegweisender Bedeutung waren. 1342 verfaßte Abt Hermann seine berühmte Kastler Reimchronik, bestehend aus 700 deutschen Versen. Von kirchlicher Bedeutung war das Regelbuch („consuetudines“) des Kastler Abtes Otto III. Nortweiner (1377-99), das er in einer Zeit des moralischen Niedergangs verfaßte. Es wurde die Grundlage der sog. „Kastler Reform“, die in zahlreiche weitere Klöster Eingang fand (u. a. Ensdorf).

Im 16. Jahrhundert erfolgte der Niedergang des Klosters. 1552 vernichtete eine Feuersbrunst nahezu die gesamte Abtei. Nur wenige Jahre später, als Pfalzgraf Ottheinrich die kalvinische Kirchenordnung in seinem Herrschaftsgebiet einführte, wurde Kloster Kastl aufgelöst.

Nachdem die Oberpfalz 1623 an den Kurfürsten Maximilian von Bayern übergegangen und rekatholisiert worden war, fiel Kastl 1636 an das Amberger Jesuitenkollegium. Diese unterzogen die ehem. Abteikirche einer gründlichen Renovierung und Neuausstattung. Nach Aufhebung des Jesuitenordens (1773) wurde das Kloster zusammen mit den übrigen Besitztümern des Ordens in der Oberpfalz 1782 dem Malteserorden vermacht (Errichtung des jetzigen Hochaltars). 1808 wurde auch der Malteserorden aufgehoben, woraufhin die Klosterkirche Pfarrkirche St. Peter wurde. Nachdem die Klostergebäude Sitz verschiedener Institutionen waren, beherbergen sie seit 1958 ein Ungarisches Gymnasium mit Internat.

Wir betreten das ehem. Klosterareal von Osten her durch einen spätmittelalterlichen Torturm. Den ursprünglichen Zugang markiert der ältere, weiter nördlich gelegene Torturm (erste Hälfte 13. Jahrhundert), der heute jedoch nicht mehr in Gebrauch ist. Vor uns taucht das Ungarische Gymnasium auf, das im Südflügel des ehem. Klosters untergebracht ist. Wir unterqueren einen auskragenden Teil jenes Südflügels und erreichen schließlich die **ehem. Klosterkirche und heutige kath. Pfarrkirche St. Peter**. Von Sieghardt als „eine der historisch und kunsthistorisch bedeutsamsten Kirchen der Oberpfalz" (Oberpfalz, S. 108) bezeichnet, sollten wir uns ein wenig Zeit nehmen, um ihre Architektur und Ausstattung hinreichend würdigen zu können.

Der weithin sichtbare romanische Turm, der sich an die Südostecke der Kirche anlehnt, reicht über sechs Geschosse. 1952-53 mußte er aus statischen Gründen abgetragen und neu aufgebaut werde. Gleich neben dem Turm sehen wir ein altes romanisches Portal, darüber und daneben zeichnen sich an der Außenwand vermauerte Arkadenbögen ab (dazu später mehr!). Den Eingang zur Kirche finden wir ein Stück weiter westlich in dem schönen spätgotischen Portal mit Blendarkaden über der wimpergartigen Bekrönung.

In ihrer heutigen Gestalt gibt uns die ehem. Kastler Klosterkirche ein eindrucksvolles Bild von der Oberpfälzer Romanik. Allerdings müssen wir bedenken, daß spätere Jahrhunderte das ursprüngliche Erscheinungsbild der Kirche verändert haben. So betreten wir den Kirchenraum über die spätgotische Benediktuskapelle, die erst in den 60er Jahren des 15. Jahrhunderts südlich an das Kirchenschiff angefügt wurde. Der alte Zugang zur romanischen Kirche erfolgte dagegen von Westen her über die Vorhalle. Um uns ein Bild zu machen von der ursprünglichen Gestalt der Kirche und ihren späteren baulichen Veränderungen, wollen wir unsere Aufmerksamkeit zunächst der **Architektur** widmen.

Die romanische Kirche war im wesentlichen 1129, dem Jahr der Chorweihe, vollendet. Es handelte sich um eine dreischiffige Basilika mit einem flachgedeckten Langhaus zu fünf Jochen, einer doppelgeschossigen Vorhalle im Westen und einem auf fünf Schiffe erweiterten Chorbereich mit Tonnenwölbung im Osten. Diese Ostpartie endet in drei Apsiden, die heute dem Klosterhof zugewandt liegen. Von den ursprünglich zwei Chorflankentürmen, die die Kirche besaß, stürzte der nördliche 1264 bis auf den bestehenden Stumpf ein und wurde nicht wieder aufgebaut. Durch herabfallendes Mauerwerk waren damals auch Teile der Klostergebäude und des Chorbereichs beschädigt worden.

Der Chorbereich der Kirche war in romanischer Zeit noch fünfschiffig. Entlang der beiden ersten westlichen Joche befand sich eine querhausartige Erweiterung, die heute kaum mehr wahrnehmbar ist. Die beiden nördlichen Joche nämlich wurden zur Sakristei umgestaltet, wobei man die Arkadenöffnungen gegen den Chor vermauerte, die beiden südlichen Joche wurden später ganz abgebrochen (wohl erst 1715). Auf unserem Weg in die Kirche konnten wir an der südlichen Außenwand noch die Umrisse der beiden vermauerten Arkadenbögen sehen. Das dortige romanische Portal scheint erst später in Zweitverwendung angebracht worden zu sein.

Das romanische Tonnengewölbe im Chor, das sich über die vier Joche des Mittelschiffs erstreckt, zählt zu den frühesten Wölbungen dieser Art im deutschen Gebiet. Da in den hiesigen romanischen Kirchen ansonsten die Kreuzwölbung üblich war, wird hier burgundisch-cluniazensischer Einfluß vermutet. Die Kastler Tonnenwölbung gehört darüber hinaus zu den ausgedehntesten Beispielen ihrer Art innerhalb der deutschen Architektur. Ungewöhnlich für die cluniazensische Bauweise sind

allerdings die fensterlosen Hochschiffwände des Chors, mit denen neben der burgundischen auch einheimische Bautradition spürbar wird. Sichtbar aus späterer Zeit stammt die frühgotische Säule mit Knospenkapitell auf der Nordseite, die auf die Bauarbeiten im Chorbereich nach dem Einsturz des Nordturms 1264 zurückgeht. Die Einwölbung der Hauptapsis erfolgte erst in der Amtszeit des Abtes Georg Kemnather (1399-1434). Die einstmals vorhandenen gemauerten Chorschranken, die den Chor von den Nebenschiffen und vom Langhaus abtrennten, wurden 1715 von den Jesuiten entfernt.

Als architektonische Besonderheit ist auch der Stützenwechsel im Langhaus zu werten, da er für die hiesige Gegend äußerst ungewöhnlich ist. Von Westen her folgt einem Säulenpaar (rund) jeweils ein Pfeilerpaar (eckig) und wieder ein Säulenpaar, nach Osten hin wird der Wechsel dann durch die Chorpfeiler unregelmäßig. Dieser einfache Stützenwechsel wird, wenn er regelmäßig auftritt, seinem Herkunftsgebiet nach als „rheinisch" bezeichnet.

Die Kreuzwölbung der drei Langhausschiffe, die ja ursprünglich flachgedeckt waren, geschah wohl auf Veranlassung des Abtes Kemnather zu Beginn des 15. Jahrhunderts. Die Gewölberippen des Mittelschiffs ruhen auf Konsolen, die teilweise mit den Figuren kauernder Mönche geschmückt sind. Die beiden bemerkenswerten östlichen Schlußsteine stellen die Muttergottes und den hl. Petrus jeweils in ganzer Figur dar. Weitere figürliche Schlußsteine sind in den Seitenschiffen zu entdecken.

Das Langhaus der romanischen Klosterkirche bestand ursprünglich allein aus dem Mittel- und den beiden Seitenschiffen. Die beiden heutigen, jeweils nördlich und südlich an die Nebenschiffe anschließenden dreijochigen Kapellen kamen erst im 15. bzw. beginnenden 16. Jahrhundert hinzu. Die südliche Benediktuskapelle wurde um 1463 unter Abt Leonhard Perching gen. Krapt (1459-1490), die nördliche Kapelle der Vierzehn Nothelfer nach 1500 unter Abt Johannes Lang (1495-1524) angefügt. Letztere diente als Begräbnisstätte für den Konvent. Die spätgotischen Bau- und Gewölbeformen beider Kapellen geben ein kontrastreiches Bild zu den schweren romanischen Formen des Langhauses. Ein weiterer Kapellenraum, der sich östlich der Vierzehn Nothelfer-Kapelle befand, ist heute verschwunden (Reste noch an der Außenseite der Kirche zu sehen).

Die Vorhalle im Westen bestand schon in romanischer Zeit. Unter Abt Kemnather (1399-1434) wurde sie dann gleichsam „gotisiert“, d. h. Mittelstütze und Sterngewölbe kamen erst nachträglich hinzu. Ursprünglich besaß die Vorhalle noch Seitenschiffe (im 17. Jahrhundert abgebrochen), mit denen sie in etwa gleich breit wie das romanische Langhaus war. An den Außenwänden der Vorhalle zeichnen sich noch die (heute vermauerten) Arkadenbögen zu den einstigen Nebenschiffen ab. Auf der Ostseite führt das ursprüngliche romanische Portal (mit Malereien im Tympanon) in das Innere des Langhauses.

Die architektonische **Bedeutung** der ehem. Kastler Klosterkirche liegt in der eigenwilligen baukünstlerischen Umsetzung verschiedenartiger Stileinflüsse. Die gesamte Anlage folgt zunächst grundsätzlich dem Hirsauer Schema: dreischiffige, flachgedeckte Basilika mit langgestrecktem Chorbereich und einer Vorhallenanlage im Westen. Davon abweichend fluchten jedoch die drei östlichen Apsiden in einer Linie, der Chorbereich weist eine querhausartige Erweiterung auf fünf Schiffe auf, die Hochschiffwände des Chors sind ohne Durchfensterung (ein Element der Regensburger Sakralarchitektur), der einfache Stützenwechsel im Langhaus läßt oberrheinischen Einfluß vermuten. Der burgundischen Baukunst schließlich verdankt der Chor sein einzigartiges Tonnengewölbe.

Nachdem wir die Architektur und ihre verschiedenen Bauphasen gewürdigt haben, wollen wir uns ausgewählten Stücken der **Ausstattung** zuwenden.

Im Mittelschiff des Langhauses fällt zunächst der Wappenfries an den Hochschiffwänden ins Auge, ein im Kirchenraum ungewöhnliches Motiv (ein verwandter Fries im Chor der Klosterkirche Maulbronn). Die 69 Wappen bezeichnen die Stifter und Gönner von Kloster Kastl. Die Malereien, von denen zwei mittelalterliche Fassungen existierten, wurden nach ihrer Aufdeckung 1902 wiederhergestellt. Dabei konnte man sich auf alte Kopien stützen, die 1674 angefertigt worden waren, kurz bevor man den Fries überweißte. Auf diese Kopien gehen auch die zwei Wappentafeln an den Seitenschiffwänden zurück, die die Jesuiten 1715 anfertigen und zur Erinnerung in der Kirche aufhängen ließen. Die Fresken an den Pfeilern und Säulen der Mittelschiffarkaden wurden ebenfalls zu Beginn des 20. Jahrhunderts wiederentdeckt, als man die barocke Ummantelung der Stützen entfernte. Sie gehören der Gotik und der Frührenaissance an, sind also nicht als einheitliches Bildprogramm konzipiert worden. Hervorzuheben ist die Darstellung der Muttergottes zwischen den hll. Katharina und Willibald aus dem 14. Jahrhundert an der zweiten südlichen Stütze (erster Pfeiler). Die barocke Kanzel mit Posaunenengel auf dem Schalldeckel stammt aus dem Jahr 1679. Beim Betreten der Kirche sind wir bereits dem Grabstein für Konrad Pollinger zu Fronberg (gest. 1461) und seine Frau begegnet (am Pfeiler).

In den Seitenschiffen werden heute die Reste des gotischen Chorgestühls verwahrt, das 1715 von den Jesuiten aus dem Chor entfernt worden war. Die Schnitzereien stammen vom Ende des 13. Jahrhunderts und zählen damit zu den ältesten ihrer Art in Deutschland.

Der in Weiß und Gold gefaßte Hochaltar im Chor mit der monumentalen Kreuzigungsgruppe stammt aus der Zeit, als sich das Kloster im Besitz des Malteserordens befand. Er wurde 1782 errichtet und trägt das Stifterwappen des Malteser-Komturs Maximilian Graf von Törring-Seefeld. Die Seitenaltäre in den Nebenapsiden wurden um 1715 von den Jesuiten aufgestellt und zeigen u. a. die Ordensheiligen Ignatius (Nordseite) und Franz Xaver, der als Missionar in Ostasien einen Hindu tauft (Südseite). Im südlichen Nebenschiff ist ein romanischer Steinsarkophag mit Rundbogenblenden aufgestellt, der als Grablege der Mitstifterin Luitgard gilt. An den beiden östlichen Chorpfeilern befinden sich zwei hervorragende Kalkstein-Epitaphien des Renaissance-Bildhauers Loy Hering für Abt Johannes Menger (1538-1554). Dieser wird kniend zu Füßen der Muttergottes (Gedächtnisstein auf der Nordseite) bzw. vor dem Gekreuzigten (Südseite) dargestellt. In den Werken des Loy Hering verbinden sich spätmittelalterliche Figurenauffassung und frühneuzeitliche Architekturformen.

In der nördlich anschließenden Sakristei (ehem. querschiffartige Erweiterung) befinden sich an der Südwand Reste eines Freskos mit der Beweinung Christi aus dem beginnenden 15. Jahrhundert.

Auf dem Weg in die westliche Vorhalle werfen wir noch einen kurzen Blick in die beiden Seitenkapellen. Hier befinden sich barocke Altäre, von denen der in der Benediktuskapelle ein Altarblatt von 1673 mit dem hl. Benedikt von Franz Geiger aufweist. In der nördlichen Vierzehn Nothelfer-Kapelle stehen der Altar mit dem Altarblatt der Schmerzhaften Muttergottes (1710) und der sog. Stifteraltar mit Maria und dem Jesuskind (um 1700). Unsere besondere Aufmerksamkeit verdienen hier aber die Schlußsteine des Sterngewölbes: Von Osten her sehen wir die Figuren der Muttergottes, des Apostels Matthias (mit Beil) und - unseres Pilgerheiligen und Apostels Jakobus d. Ä.!

Bevor wir die Vorhalle betreten, begegnen wir links unter der Orgelempore dem Stifterdenkmal, das erst im 19. Jahrhundert an seine heutige Stelle gelangte. Es zeigt die drei Klostergründer Graf Berengar I. von Kastl-Sulzbach (rechts), in der Mitte Graf Friedrich von Kastl-Habsberg mit dem Kirchenmodell (im Gewand der Benediktiner, da er selbst ins Kloster Kastl eintrat) und dessen Sohn Otto (links); darunter sind die Wappen von Sulzbach, Kastl und Habsberg angebracht. Die bemalten Steinfiguren sind bedeutende Arbeiten um 1370/80, die wahrscheinlich aus einer Nürnberger Bildhauerwerkstatt stammen. In den Sockel eingelassen befindet sich ein romanisches Steinrelief mit der Darstellung eines sitzenden Mannes mit nacktem Oberkörper. Dieses Relief gehörte ursprünglich nicht zum Stifterdenkmal, sondern war Teil einer größeren Westportalausstattung. Die Frage nach der hier dargestellten Person (Richter?, Kaiphas?) läßt sich heute nicht mehr mit Sicherheit beantworten.

In der Vorhalle begegnen wir einer Vielzahl von Grabdenkmälern, die alle 1964 hier versammelt wurden. Gegenüber, neben dem alten Eingang auf der Westseite, steht die klassizistische Ehrentumba des Seyfried Schweppermann (gest. 1337), des populären Feldhauptmanns König Ludwig des Bayern. Friedrich Wagner schuf das Denkmal 1782, Stifter ist der Malteser-Komtur Maximilian Graf von Törring-Seefeld (zugleich Stifter des Hochaltars). Als Bekrönung sehen wir die beiden auf den Ausspruch König Ludwigs anspielenden Eier: Seyfried Schweppermann hatte die Schlacht bei Mühldorf 1322 durch sein tapferes Auftreten nahezu allein entschieden, woraufhin der König beim kargen, nur aus Eiern bestehenden abendlichen Mahl gesagt haben soll: „Jedem ein Ei, dem frommen Schweppermann zwei!“ An der Wand befindet sich der originale Grabstein Schweppermanns mit seinem Wappen in Umrißzeichnung. In der Nordostecke steht der barocke Gebeinschrank (1715), in dem der kleine Sarg mit der mumifi-

zierten Leiche der Prinzessin Anna zu sehen ist. Die Tochter König Ludwigs des Bayern verstarb im Kloster Kastl 1319 im Alter von drei Jahren. Davor ist die originale gotische Steintumba der Prinzessin aufgestellt. Im anderen Gebeinschrank gegenüber befinden sich seit 1715 die Gebeine der Stifter. Weitere Grabplatten und Gedenksteine erinnern u. a. an die Kastler Äbte Georg Kemnater (gest. 1434), Leonhard (gest. 1490), Ulrich Prethaler (gest. 1495) und Johannes Lang (gest. 1524).

Die **ehem. Klostergebäude** sind teilweise noch erhalten, können aber nicht besichtigt werden. Die beengte Situation des alten Burggeländes, auf dem das Kloster damals eingerichtet wurde, veranlaßte, von der üblichen Anordnung abzuweichen, bei der die Klostergebäude südlich der Kirche liegen. Stattdessen gruppieren sich die Konventsbauten östlich um den Kreuzhof, in den der Dreiapsidenschluß der Kirche mündet. Die beiden äußeren Apsiden haben bis heute ihre romanische Baugestalt bewahrt.

Vom **ehem. Kreuzgang**, der 1677 abgebrochen wurde, blieb am Südturm noch ein kleines Reststück erhalten. Hier schließt sich der **Südflügel** des Klosters an, der nach dem Brand 1552 wiederhergestellt wurde und 1954-57 aus statischen Gründen abgetragen und neu aufgebaut werden mußte. Im Westabschnitt liegt die ehem. Marienkapelle, die in frühgotische Zeit zurückreicht. Sie trägt auch den Beinamen „Stifterkapelle", da hier das Stifterdenkmal (heute in der Kirche unter der Orgelempore) 1715 von Jesuiten aufgestellt worden war. Im **Ostflügel** befand sich ehem. das Refektorium, der Speisesaal der Mönche. Die Halle mit einem seltenen Steinlavabo (Waschbecken) aus dem beginnenden 15. Jahrhundert wurde inzwischen wiederhergestellt. Im Erdgeschoß des **Nordflügels**, wo noch romanisches Mauerwerk vorhanden ist, war einst der Kapitelsaal, ein Versammlungsraum, in dem über Klosterangelegnheiten entschieden wurde (mittlerweile zu einer Turnhalle umgestaltet). Im gotischen Obergeschoß ist das ehem. Dormitorium, der Schlafsaal der Mönche, untergebracht.

Nordwestlich der Kirche liegt das **ehem. Amtsgerichtsgefängnis**, ein langgezogener Bau, dessen östlicher Teil noch aus frühgotischer Zeit stammt (Fensteröffnungen!).

Die **kath. Marktkirche St. Christophorus** liegt außerhalb des Zentrums. Sie wurde unter Abt Johannes Lang um 1519 errichtet, der Vorbau im Westen jedoch erst 1766 angefügt. Außen an der Nordseite der Kirche befindet sich eine Ölbergkapelle mit den Steinfiguren Christi und der drei Jünger, die noch aus der Erbauungszeit stammen.

Das Innere der Kirche wurde in späterer Zeit stark verändert (stuckierte Flachdecke!), der größte Teil der Ausstattung ist modern. Der Hochaltar, auf dem insgesamt alle 14 Nothelfer dargestellt sind, wurde um die Figuren des Patronatsheiligen Christophorus und der hll. Hubertus (links mit Hirsch mit Kruzifix zwischen dem Geweih) und Ägidius (rechts mit Hindin) aus der Mitte des 17. Jahrhunderts ergänzt. Der Marienaltar links zeigt eine Darstellung der Immaculata, der rechte Seitenaltar ist dem hl. Sebastian geweiht. Das mittlere Deckengemälde datiert 1895 und ist vom Maler Georg Lang aus Deining signiert, dem wir bereits in der Allersburger Kirche als Maler des Deckenbildes begegnet sind.

Bevor wir die Kirche wieder verlassen, werfen wir noch einen Blick auf die gerahmten Ölgemälde an der Emporenbrüstung. Dargestellt sind die vier Evangelisten und eine Anzahl Apostel, unter denen wir ganz links außen auch Jakobus d. Ä. mit seinen charakteristischen Pilgerattributen entdecken!

Vom ausrangierten Kastler Bahnhof steigen wir das Treppchen hinauf und wenden uns auf dem Schotterweg mit unserer Jakobsmuschel-Markierung nach wenigen Metern scharf links (Wanderwegweiser „Habsberg"). Aber schon beschreibt die Route einen Rechtsaufwärtsbogen und verläuft auf einem Graspfad längs des Waldsaums! Nach einer kleinen Weile betreten wir den Waldgürtel, verlassen ihn aber nicht lange danach wieder (Grottenkapelle!). Am Zaun entlang und durch die Fluren kommen wir zu einer Kreuzwegstation. Dort rechts neben der Baumgruppe und anschließend zwischen Äckern weiter! Wo die Hecke zu unserer Linken aufhört, schlagen wir links den Feldweg ein. Oben haben wir wieder einen begrasten Weg unter den Füßen, auf dem wir zwischen Kalvarienberg (links) und Pfarrberg dahinspazieren.

Allmählich fällt unser Schotterweg in eine flache Senke ab. In der Kurve bei dem eingewachsenen Flurkreuz verlassen wir ihn und halten geradeaus über den Wiesenrain auf den Wald zu. In dessen Innern queren wir einen Forstweg und steigen in leichten Serpentinen den steilen Nordhang der Elsbether Wart hoch; unsere weiß/blaue Markierung leitet uns sicher! Oben auf dem geschotterten Forststräßchen links; bei der sogleich folgenden Gabelung nehmen wir den linken Wegast. Nach knapp 150 Metern müssen wir besonders gut auf die Zeichen achten, denn wir biegen halbrechts in einen Waldweg ein, der sich bergab ins Freie schlängelt. Weiter unten an der Kreuzung rechts! Der Weg geht in Teer über und kurvt links durch die Fluren zu einem Sträßchen, auf dem wir rechts (Blick auf Appelsloh) bis zum ersten Linksabzweig marschieren. Dieser bringt uns - zuletzt weglos an einer Hecke entlang - hinauf in den Wald. Dort rechts und auf schönem Pfad in „halber Höhe" um den felsdurchsetzten Gemeindeberg herum. Vom Graspfad am Waldrand schweift unser Blick bis Poppberg über der Amberger Autobahn!

Im Wald setzt sich der grasige Weg fort. Dann pirschen wir erneut am Waldsaum hin; die Ortschaften Mantlach und Hillohe geraten in unseren Gesichtskreis! Auf dem Schotterweg wenden wir uns rechts und folgen ihm bis zum ersten links abzweigenden

Feldweg, mit dem wir uns dem Wald nähern. An dessen Rand rechts und im Linksbogen vor zu dem Flurkreuz „Wasserstein". Von dort bringt uns ein asphaltierter Flurbereinigungsweg links in schätzungsweise einer Viertelstunde nach ***Nattershofen****.*

Auf der Hauptstraße links geradewegs aus dem Dorf hinaus. Am Ortsende rechts und nochmals rechts in einen hier beginnenden Feldweg. Er kurvt links empor in die Waldungen des Dietrichsteins (auch Thierenstein genannt). Stetig ansteigend, erreichen wir eine 1978 renovierte Waldkapelle. Hinter ihr rechts ab, um den Gipfelfelsen des 626 m hohen Dietrichsteins herum. Auf ihm stand einst der Bergfried der Schweppermannsburg. Von ihr ist nichts mehr übrig; lediglich die Geländeverformungen, die in einen Stein gehauene Zahl 1313 und eine Gewölbehöhlung erinnern an sie. Unsere Markierung schleust uns auf dem schönen Waldweg schließlich bergab und aus dem Wald hinaus. Voraus können wir bereits Trautmannshofen ausmachen! Geradewegs zur Bundesstraße, hinüber und neben ihr vielleicht 70 m unten am Fuß der Böschung hin. Links löst sich ein etwas schwach ausgeprägter Wiesenweg, der sich mit der Zeit zum Feldweg „mausert". Er liefert uns an einem Teerquerweg ab, der uns rechts zur Straße bringt, auf der wir wenig später in ***Trautmannshofen*** *einziehen, dem mit 600 m Meereshöhe höchstgelegenen Dorf des Landkreises Neumarkt.*

Die erste Erwähnung des Ortes als „Drudeshoun" (bei den Höfen des Trutwin) datiert 1068. Die **kath. Pfarr- und Wallfahrtskirche Maria Namen** reicht in ihren Ursprüngen auf eine gotische, 1382 erstmals nachweisbare Kirche Unserer Lieben Frau zurück. Bekannt wurde Trautmannshofen durch seine Marienwallfahrt, die zur Zeit der Hussiteneinfälle entstand. Der Legende nach wurde 1432 die in der Vorgängerkirche befindliche Marienstatue von den Hussiten dreimal ins Feuer geworfen, ohne jedoch zu verbrennen. Daraufhin entwickelte sich rasch eine blühende Marienwallfahrt, die zu den ältesten und bis heute bedeutendsten in der Oberpfalz zählt. Die 1544 eingeführte Reformation setzte ihr allerdings ein vorläufiges Ende.

Im Zuge der Rekatholisierung der Oberpfalz wurde die Wallfahrt wiederbelebt und die Kirche für den katholischen Gottesdienst neu hergerichtet. Die wachsende Zahl der Wallfahrer verlangte schon bald nach einem Neubau, der dann 1655-1666 unter Einbeziehung des gotischen Ostturms errichtet wurde. Diese Kirche bestand nur ca. 10 Jahre lang, dann wurde ein dritter Kirchenneubau in Angriff genommen; über die Gründe dafür sind wir nicht unterrichtet. Planung und Ausführung wurden nachweislich ab 1686 drei Brüdern der berühmten Baumeisterfamilie Dientzenhofer übertragen: Leonhard lieferte die Entwürfe, seine ersten überhaupt, Georg und Wolfgang Dientzenhofer (seit 1689) brachten den Bau zur Vollendung. Kein geringerer als Kurfürst Ferdinand Maria fungierte als Bauherr, aus Dankbarkeit für die erfolgreich abgeschlossene Rekatholisierung der Oberpfalz. Das Pfalz-Bayern-Wappen am Chorbogen und das Bild des Kurfürsten im Deckengemälde des Langhauses legen davon Zeugnis ab.

Erst um 1760 erfolgte die Stuckierung und Ausmalung der Kirche, die wahrscheinlich aus Geldmangel so lange aufgeschoben werden mußte. Anläßlich des 600jährigen Wallfahrtsjubiläums 1982 wurde die Kirche einer gründlichen Außenrenovierung unterzogen.

Von Westen her eintretend gelangen wir unterhalb der Empore ins **Kircheninnere**. Falls das Eingangsgitter verschlossen ist, wird uns der Blick vom Vorraum in die Kirche genügen müssen. Es handelt sich um eine zweijochige Wandpfeilerkirche mit Seitenkapellen, über die Emporen eingezogen sind. Die Wandpfeiler sind durch doppelte Pilaster gegliedert, über denen ein hohes Triglyphengebälk mit profiliertem Abschlußgesims zu liegen kommt. Der eingezogene, quadratische Chor befindet sich im gotischen Chorturm der ursprünglichen Marienkirche. Zu beiden Seiten des Turms sind Sakristeien angebaut, die wir nur von außen, am besten bei einem abschließenden Rundgang um die Kirche, wahrnehmen. Das Langhaus ist mit einer Stichkappentonne, über der Westempore und vor dem Chorbogen mit Quertonnen gewölbt. Die Seitenkapellen weisen ebenfalls Quertonnen auf, während das Chorgewölbe als böhmische Kappe gestaltet ist.

Gegenüber ihrer schlichten äußeren Erscheinung weist die Kirche innen eine überraschend reiche, harmonisch aufeinander abgestimmte Ausstattung auf. Der Deckenstuck (um 1760) besteht überwiegend aus Rocailleformen und Blütengirlanden, am Chorbogen ist das bereits erwähnte pfalzbayerische Wappen

angebracht. Die einzelnen Stuckornamente sind sparsam, aber mit sicherer Hand für die künstlerische Wirkung verteilt.

Die meisterhaften Deckengemälde aus derselben Zeit stammen von Johann Michael Wild aus Auerbach. Das Hauptbild im Langhaus, für dessen Betrachtung wir uns ein wenig Zeit nehmen sollten, ist der Lobpreisung der Maria vom Sieg sowie der Entstehungsgeschichte der Wallfahrt gewidmet. Im Zentrum der Komposition steht das lichtumstrahlte Gnadenbild, darunter befinden sich die verehrenden Allegorien Glaube, Hoffnung und Liebe, sowie die huldigenden Personifikationen der vier Erdteile. Die weiteren, das Mittelmotiv umrahmenden Malereien erzählen die Geschichte der Wallfahrt Trautmannshofen. Beginnend auf der Südseite sehen wir zunächst die Hussiten, wie sie auf drastische Wewise versuchen, das Gnadenbild der Kirche zu verbrennen. Auf der Schmalseite im Osten folgt das Bild der unter dem Dreißigjährigen Krieg notleidenden Bevölkerung. Auf der nördlichen Langseite ist eine gen Westen schreitende Prozession wiedergegeben, die das Gnadenbild in die neue Kirche überführt; der Bauherr Kurfürst Ferdinand Maria schreitet persönlich voran. In den herzförmigen Bildfeldern der Gewölbekappen sind Hilfesuchende dargestellt, die sich an Maria wenden, im großformatigen Bild über dem südlichen Mittelpfeiler bringen Angehörige verschiedener Stände der Gottesmutter ihren Dank dar. Die weiteren Fresken in den Quertonnen der Emporen und Seitenkapellen zeigen marianische Emblemata mit Spruchbändern; emblematische Motive an gleicher Stelle sind uns bereits in Ensdorf begegnet! Die Malereien am Triumphbogen sowie im Chor (Esther bittend vor Ahasver, dazu Allegorien) sind alttestamentliche Szenen, die durch Spruchbänder inhaltlich auf Maria bezogen sind.

Wie die Deckenfreskierung so ist auch die **Kirchenausstattung** „ein einstimmiges Loblied auf Maria“ (Batzl, Kirchenführer Trautmannshofen, S. 8). Sie stammt größtenteils noch aus der Zeit des Umbaus, so daß Architektur und Inventar heute noch ein weitgehend einheitliches, barockes Kircheninneres veranschaulichen. Den Hochaltar schuf Erhard Wirsching 1689 nach dem Entwurf des Jesuitenbruders Johannes Hörmann aus Amberg. Der viersäulige Aufbau wird flankiert von den hll. Joachim und Anna (mit Maria), das Altarblatt mit der Himmelfahrt Mariä ist eine spätere Zugabe von 1874 (C. Wiederhut) und wurde 1958 umgestaltet. Im Auszug sind Gottvater und die Heilig-Geist-Taube zu sehen, die durch die Gestalt des Salvators auf dem Tabernakel zur hl. Dreifaltigkeit ergänzt werden. Die Seitenaltäre sind nach 1691 entstanden und wiederholen in reduzierter Form den Aufbau des Hochaltars. Ihre Mitte nimmt je ein herzförmiger, von Engeln getragener Glasschrein ein, in dem wir auf der rechten Seite das Gnadenbild der Kirche sehen, eine spätgotische Marienfigur um 1400 (Insignien barock, Kleidung neuzeitlich). Die vier Nebenaltäre in den Seitenkapellen haben kleinere, zweisäulige Aufbauten in zurückhaltender Formgebung. In den mittleren Muschelnischen steht je eine lebensgroße Heiligenfigur aus Holz, links Maria Immaculata und Johannes von Nepomuk, rechts Joseph und Antonius von Padua.

Über den Kirchenraum verteilt finden sich die Figuren der 12 Apostel in Muschelnischen an den Innenwänden der Seitenkapellen und an den äußeren Pfeilern; am westlichen Pfeiler auf der Nordseite treffen wir natürlich auch „unseren“ Pilgerheiligen Jakobus d. Ä. an! Die prachtvolle Rokokokanzel mit reichem Rocailleschmuck stammt aus der Zeit um 1760. Den Schalldeckel bekrönt eine Figur des Salvator Mundi. Gegenüber befindet sich ein Kreuz mit dem Kruzifix und der Mater dolorosa. Auf der Westempore steht die Orgel, deren Gehäuse ein Werk des Ambergers Georg Funtsch von 1742 ist; 1892 wurde das Gehäuse verändert, 1979 erneuerte man das Orgelwerk. Das Kirchengestühl weist an den Wangen geschnitzte Rokokozierformen seines Vorgängers auf.

Die Beichtstühle in den Seitenkapellen wurden neu aufgestellt, ihre Bilder in den Aufbauten dabei aber übernommen: In sinnreicher Bezugnahme sind Christus mit Schächern, Petrus mit dem Hahn, die büßenden David und Maria Magdalena wiedergegeben. Ebenfalls in den Seitenkapellen sind heute die sehenswerten Votivtafeln angebracht, deren älteste in das Jahr 1660 zurückreicht. Im Pfarrhof wird dazu ein einzigartiges „Mirakelbuch" verwahrt, in dem seit 1750 erfolgreiche Bittgesuche verzeichnet sind.

Bevor wir unsere Wanderung fortsetzen, empfiehlt sich noch ein kurzer Rundgang um die Kirche innerhalb der wehrhaften Friedhofsmauer (um 1500). Das schlichte Äußere wird an den Langhausseiten durch die übereinander liegenden Hauptfenster gegliedert, die den Seitenkapellen und der Emporenzone Licht spenden. An den alten gotischen Ostturm sind die niedrigen Sakristeien angebaut, die mit den Außenwänden des Langhauses und der östlichen Turmseite fluchten. Auf diese Weise erhält die Kirche einen geschlossenen, rechteckigen Grundriß. Während sich uns das Kircheninnere wie „aus einem Guß" präsentierte, lassen sich der alte Turm der Vorgängerkirche und seine barocken Anbauten Langhaus und Sakristeien erst von außen klar unterscheiden. Dies zeigt uns umso deutlicher, wie meisterhaft es die Dientzenhofer-Brüder und alle an der Ausstattung beteiligten Künstler verstanden haben, einen einheitlich wirkenden Innenraum zu gestalten, in dem sich Barock und Rokoko harmonisch ineinander fügen.

Nach der Kirche weisen unsere Wegzeichen rechts in Richtung Litzlohe. Wir biegen rechts in die „Oberdorfstraße" ein, auf der wir links aus dem Dorf hinausmarschieren. Ein paar hundert Meter bleiben wir auf der Straße, dann benützen wir den links abzweigenden Flurbereinigungsweg. Auf ihm schnurgerade bis zum Wald, an dessen Rand rechts! Schon kurz darauf kurvt unsere Route waldeinwärts und trifft wenig später auf einen Querweg. Ihm folgen wir zunächst rechts leicht bergauf, dann links ziemlich eben durch den Wald. Es beginnt nun eine verhältnis-

mäßig lange Wanderung durch den Grafenbucher Forst; unsere Jakobsmuschel ist uns eine zuverlässige Führerin! Außerdem geht es fast immer geradeaus; nur einmal - ungefähr in Höhe des links sichtbar werdenden Buschhofs - müssen wir uns links halten.

Nach geraumer Zeit passieren wir den Bildstock „Schwarzes Marterl"; an der nächsten Forstwegekreuzung steht das stark beschädigte „Rote Marterl". Nicht lange danach treten wir ins Freie, kehren aber kurz in den Wald zurück, wo wir sozusagen einen Haken schlagen. Von der Senke rechts drüben lugt der Bräuningshof zu uns her. Auf dem Sträßchen, das von ihm herkommt, marschieren wir im Linksbogen bis kurz vor Oberried. Bevor es sich jedoch tatsächlich zu den ersten Häusern hinaufschwingt, verlassen wir es links in spitzem Winkel, schwenken aber sofort rechts in einen steinigen Grasweg ein! Dieser verläuft anfangs parallel zur Straße; zu unserer Linken haben wir den tief eingeschnittenen Graben des Sindelbach-Quellbachs.

St. Jakob als Maurentöter in Sindlbach

Der Weg senkt sich zu einer Straße, welcher wir wenige hundert Meter links folgen. Auf dem ersten rechts fortstrebenden breiten Weg betreten wir das Sindelbachtal. Hier stand, umgeben von Fischzuchtteichen, früher die Habersmühle. Unser Forstweg steigt am Waldrand etwas an, biegt sogar waldeinwärts, wendet sich aber gleich links in einer Spitzkehre wieder dem Sindelbachgrund zu, in welchem wir rechts weiterspazieren. Der Bach fließt nun immer links von uns! Nach einer längeren Talwanderung erreichen wir, vorbei an Fischzuchtanlagen, die Ortschaft **Langenthal**. *Unsere Muschelzeichen lotsen uns durch das langgezogene (Name!) Dorf. Bei der Bushaltestelle links („An der Mühle"), über Straße und Bach. Unmittelbar nach der Brücke rechts im Tal weiter! Der Teerweg wird bald zum geschotterten Feldweg. Voraus rückt bereits die Sindlbacher Jakobskirche, unser nächstes Ziel, ins Blickfeld! Nachdem der Weg ganz sachte angestiegen ist, geht er erneut in Teer über, fällt im Rechsbogen ab und bringt uns ins Dorfzentrum von* **Sindlbach**. *Am 1920 von der Stadt Altdorf erworbenen Laurentiusbrunnen (bez. 1886) vorbei kommen wir zu kath. Pfarrkirche St. Jakob.*

Sindlbach lag im Mittelalter an einer verkehrsreichen Handelsstraße, die von Nürnberg über Altdorf und den alten fränkischen Königshof Lauterhofen nach Amberg führte (sog. „Karolingerstraße"). Die landschaftliche Schönheit des Sindlbachtals wurde schon des öfteren gerühmt! 1128/29 datiert die früheste Erwähnung des Ortes und seiner Kirche in Gestalt des damaligen Ortspfarrers „Chounradus de Soundelbach". Der Ortsname ist nicht eindeutig zu erklären: Entweder ist er von einem Personennamen wie „Sintilo" abzuleiten oder aber gleichbedeutend mit „Fischbach" (von „Sinl", „Sendel", „Sändel" = Fisch).

1370 hätte Sindlbach beinahe das Stadtrecht erworben. Der Reichsministeriale Heinrich von Stein, damaliger Besitzer des Pflegamtes und Schlosses Haimburg (heute Ruine südlich von Sindlbach), hatte von Kaiser Karl IV. dazu das Privileg erhalten. Da aber Heinrich von Stein bereits im darauffolgenden Jahr verstarb und seine Erben das Anliegen nicht weiter verfolgten, ist Sindlbach bis heute ein Dorf geblieben. Die damals ausgestellte Urkunde in deutscher Sprache wird im Bayerischen Hauptstaatsarchiv München verwahrt.

Die **kath. Pfarrkirche St. Jakobus d. Ä.** liegt im Ortszentrum. Den Schlüssel zur Kirche erhalten wir beim Mesner (gegenüber dem Laurentiusbrunnen in die Poststraße, die uns geradewegs zum Haus Nr. 6 führt).

Vom spätromanischen Vorgängerbau des 13. Jahrhunderts blieben Mauerteile des Schiffs und des quadratischen Chorturms mit einer Dreiergruppe gestaffelter Rundbogenfenster in der Ostwand erhalten. Nachdem Kirche und Pfarrhof 1633/34 im Dreißigjährigen Krieg von den Schweden niedergebrannt worden waren, wurde St. Jakobus 1640/41 wiederaufgebaut. Ihre heutige Baugestalt erhielt die Kirche schließlich 1890, als sie auf Höhe des heutigen Eingangs nach Westen um die Tiefe der Empore verlängert wurde.

Das **Kircheninnere** erfuhr 1754-58 eine eingreifende Umgestaltung, bei der das Langhaus erhöht und mit einer stuckierten und bemalten Flachdecke versehen wurde. Zum Abschluß der Renovierungsarbeiten brachte man über dem Chorbogen ein Chronogramm an mit der Jahreszahl 1758 und darüber das bayerische herzogliche Wappen. Der lateinische Doppelvers lautet in Übersetzung: „Heil Dir! Jakobus von alters geehrt in unserem Ort. Jetzt steht er da als Hirt und segnet die Schafe." (zit. nach Michael Odorfer).

Die Stukkaturen stammen von Johann Georg Ulrich, dem damaligen Maurermeister der Langhauserhöhung. Uns interessieren besonders die Deckengemälde, die biblische wie legendäre Ereignisse aus dem Leben des hl. Jakobus wiedergeben: Das Fresko über dem Altarraum zeigt die Mutter des Johannes und Jakobus, die bei Jesus für ihre Söhne bittet (Mt 20). Die Signatur nennt uns das Jahr 1758 und den Künstler, den Eichstätter Hofmaler Johann Michael Franz. Das Langhausbild nächst dem Chronogramm stellt die Auferweckung der Tochter des Jairus dar (Mk 5; Lk 8), die Rundbilder in den Ecken die Verklärung Jesu auf dem Berg Tabor (Mt 17) und den betenden Jesus am Ölberg (Mt 26). Die Bildwahl gerade dieser biblischen Geschehnisse ist durch die jeweilige Anwesenheit des Jüngers Jakobus d. Ä. begründet!

Das mittlere Deckengemälde zeigt eine Darstellung der Schlacht von Clavigo (844), bei der der „Maurentöter" Jakobus auf einem Schimmel hilfreich eingreift. Bilder desselben Themas sind uns bereits an der Empore in Fuchsberg und an der Ensdorfer Decke begegnet. Die flankierenden Rundbilder stellen Jakobus und Johannes dar, die Feuer über die Samaritaner herabrufen wollen (Lk 9) und einen Bauern in der Ernte, der den Heiligen um Hilfe bei einem Gewitter anruft.

Das rückwärtige Deckengemälde gibt den hl. Jakobus als helfenden Patron bei Krankheit wieder. Das kleine Bild rechts mit der Darstellung eines jungen Mannes am Galgen, dem der hl. Jakobus schützend beisteht, erzählt von einer berühmten Legende des Pilgerpatrons: Auf einer Jakobuswallfahrt, die der junge Mann zusammen mit seinen Eltern unternahm, wurde er in der spanischen Stadt Santo Domingo de la Calzada fälschlicherweise des Diebstahls bezichtigt und kam an den Galgen. Seine Eltern ersuchten daraufhin den Richter um Gnade. Dieser gab ihnen ironisch zur Antwort, daß eher die gebratenen Hühner auf seinem Teller wieder fliegen könnten, als daß ihr Sohn am Leben bliebe. Daraufhin begannen die Hühner loszugackern und der junge Mann war auf wundersame Weise gerettet. Auch das linke Fesko zeigt den hl. Jakobus als helfenden Patron, diesmal bei der Feldarbeit (dieses Bild 1956 von Walter Scheidemantel).

Ein Großteil der **Ausstattung** kam zwischen 1700/1720 unter Pfarrer Georg Guldenkopff und nach der Renovierung 1758 in die Kirche. Der Hochaltar mit viersäuligem Rokokoaufbau (1758) ist ein Werk des Neumarkters Georg Ulrich Wiest. Seitlich stehen die Figuren der Jesuitenheiligen Franz Xaver und Ignatius von Loyola, auf dem Antependium ist das Martyrium des hl. Jakobus mit dem sich bekehrenden Richter zu sehen. Das Altarblatt ist die Kopie eines Jakobusbildes der österreichischen Kirche Orth bei Gmunden und wurde 1956 von Walter Scheidemantel gemalt. Dargestellt ist der Kirchenpatron Jakobus, der anbetend zu Maria und der hl. Dreifaltigkeit emporblickt, während der Engel bei ihm das Schwert seines Martyriums hält; rechts unten ist die Kirche von Sindlbach mit dem alten Pfarrhof (1786/87) eingefügt.

Ebenso wie der Hochaltar ist auch die Kanzel ein Werk des Georg Ulrich Wiest von 1758. Ihren Schalldeckel ziert eine Figur des Drachentöters Michael. Die Seitenaltäre entstammen der Zeit um 1720. Der Mutter-Anna-Altar auf der rechten Seite zeigt Anna mit der jungen Maria im Zentrum des Aufbaus, begleitet von den weiblichen Heiligen Barbara und Katharina; im Auszug befindet sich eine Reliefdarstellung der Anbetung des Kindes durch die Könige. Gegenüber steht der St. Josephs-Altar, für den der hl. Joseph mit dem Jesuskind als Mittelgruppe ge-

Seinem Zeugnis will ich folgen

Mein Gott, mein Erlöser, bleibe bei mir! Fern von Dir würde ich verdorren. Ohne Dich vermag ich nichts zu tun. Zeigst Du Dich mir, blühe ich auf zu neuem Leben. Wie kann ich Dich halten? Nein, nur bitten kann ich: Herr, bleibe bei mir, denn es will Abend werden. Laß mich, wie einst Jakobus, Deinen Ruhm, Deine Wahrheit und Deinen Willen verkünden. Nicht durch laute Worte, sondern durch die stille Kraft der tätigen Liebe, die zu den Menschen geht, dorthin, wo sie mich brauchen. Dein Hl. Apostel Jakobus möge mich begleiten. Seinem Zeugnis will ich folgen und Dich verherrlichen, der sein Leben hingegeben hat, damit ich es finde. Dank, Ruhm und Ehre sei Dir, König der Apostel. Amen

St.-Jakobus-Lied

T: Friedrich Kienecker
M: Gustav Biener 1977

2. Du warst ein Zeuge seiner Macht, als Jesus mit dem Vater sprach; du warst bei ihm auch in der Nacht, als er in Todesängsten lag.
Herr, laß zu diesen Zeiten…

3. Zuerst aus der Apostelschar rief dich der Herr zum Zeugen auf. Du brachtest ihm dein Leben dar, vollendetest des Lebens Lauf.
Herr, laß zu diesen Zeiten…

4. Du starker Schutz der Christenheit, steh bei der Kirche, die dich ehrt. Erhalte sie zu aller Zeit in Gottes Liebe unversehrt.
Herr, laß zu diesen Zeiten…

5. Geleite uns durchs Erdental auf unsrer kurzen Pilgerschaft hin zu dem ewgen Friedenssaal durch deiner treuen Fürbitt Kraft.
Herr, laß zu diesen Zeiten…

Ludwig A. Seidl, Pfr.

wählt wurde, flankiert von den Pestheiligen Sebastian und Rochus; im Auszug ist die Flucht nach Ägypten zu sehen.

Das barocke, um 1700 entstandene Taufbecken weist eine originelle Gestaltung auf: Der balusterförmige Fuß wird aus büschelförmig zusammengenommenen Akanthusranken gebildet, die auch den oberen Teil der Kuppa - hier durchsetzt mit Putten - überziehen. Als bekrönende Deckelfigur erscheint Johannes der Täufer in Knabengestalt. Die geschnitzten Stuhlwangen aus derselben Zeit weisen Akanthuswerk und früchtekorbtragende Putten auf.

Das einzige mittelalterliche Ausstattungsstück ist die stehende Muttergottesfigur an der linken Schiffwand aus einer Nürnberger Werkstatt um 1480. Allerdings kam sie erst 1641 aus der evang. Kirche in Penzenhofen nach Sindlbach. Die weiteren Heiligenfiguren in der Kirche sind barock: Auf der Südseite sind die hll. Johannes von Nepomuk (über dem Beichtstuhl), Wendelin und Florian zu sehen, auf der Nordseite die Eichstätter Bistumsheiligen Willibald und Walburga.

Bevor wir unsere Wanderung fortsetzen, sollten wir nicht versäumen, einen Blick auf die östliche Außenmauer des Chorturms zu werfen. Rechts neben der romanischen Fenstergruppe ist das interessante Epitaph des Pfarrers Georg Guldenkopff (gest. 1734) eingelassen, das ein Bild des Verstorbenen

in friedlicher Ruhe zeigt. In der oberen und unteren Darstellungszone finden sich jeweils drei symbolhafte Bilder zum Thema Tod und Auferstehung einander gegenübergestellt: der mit offenen Augen schlafende und der erwachte Löwe, die Sonne ohne und mit Lichtstrahlen sowie der Phönix, der in seinem brennenden Nest versinkt und aus der Asche neu geboren wird.

Auf der Hauptstraße links dorfauswärts. Nach dem Sportplatz folgen wir rechts dem so gut wie unbefahrenen Sträßchen zum Weiler ***Irleshof*** *(=Erlenhof); am Ortsende idyllischer Weiher! Kurz vor der Autobahn schwenken wir von dem Flurbereinigungssträßchen rechts in einen schmaleren Betonweg ein, der stetig zum Waldrand emporstrebt. Dort (Ikonenstein!) links durch die Flur zu einem Feldgehölz, das wir im Nu durchschritten haben. Links in Richtung Autobahn. Vor ihr rechts, über den Rohrenstädter Bach, anschließend über die Straße und weglos neben dem Acker kerzengerade hoch in den Wald! Etliche Minuten steigen wir auf dem mitunter auch von Reitern benützten Weg leicht an, dann biegen wir dort, wo rechts eine Wiese durch die Bäume schimmert, links herum und queren eine kurvende Straße. Die Böschung hinauf und links ohne erkennbaren Weg zwischen Waldgürtel und Acker weiter! Im Wald links durch einen Hohlweg langsam abwärts. Linker Hand sind bereits Häuser von* ***Gnadenberg*** *zu sehen; bald sind wir dort!*

Wir passieren die eine der beiden Toreinfahrten der Ortsbefestigung, die im Kern noch mittelalterlich sind, aber erst später wiederhergestellt wurden. Gnadenberg verdankt seine kunsthistorische Bedeutung den Ruinen des ehem. Birgittenklosters, zu denen wir uns begeben wollen. Der Markierung nach, durch das rundbogige Klostertor und vorbei an der heutigen Pfarrkirche St. Birgitta erreichen wir die gewaltigen Außenmauern der ehem. Klosterkirche.

Das **ehem. Kloster** wurde 1426 als erstes Birgittenkloster Bayerns gegründet. Die bis dahin Eichelberg (1386 „Aychelperg“) genannte Anhöhe erhielt den mystischen Klosternamen Gnadenberg („mons gratiae“). Die Stiftung erfolgte durch den Pfalzgrafen Johann I. von Neumarkt (1410-1443), höchstwahrscheinlich auf Anregung seiner Gattin Katharina, die im schwedischen Mutterkloster des Birgittenordens Vadstena aufgewachsen und erzogen worden war.

Die Gründerin des Ordens war Birgitta von Schweden (1303-1373, 1391 heiliggesprochen), die um 1346 auf eine Vision hin ein erstes Doppelkloster in Vadstena errichten ließ. Wir wissen ferner, daß Birgitta von Schweden 1342 mit ihrem Gemahl Ulf Gudmarsson eine Jakobswallfahrt nach Santiago de Compostela unternommen hat! Auf ihrer Rückreise machte sie im französischen Kloster Fontevrault Station, was ihr die Anregung zur Gründung eines Doppelklosters, eine für damalige Verhältnisse außergewöhnliche Einrichtung, gegeben haben soll.

Entgegen der Tradition des Birgittenordens wurde Gnadenberg aber zunächst nur mit Mönchen besiedelt, die aus Paradiso bei Florenz kamen. Papst Martin V. nämlich hatte 1422 die Gründung von Doppelklöstern vorübergehend untersagt! Erst 1435, nachdem Eugen IV. die Klostergemeinschft von Männern und Frauen wieder erlaubt hatte, trafen in Gnadenberg auch Nonnen aus dem dänischen Maribo ein.

Mit dem Bau der Klosterkirche wurde erst 1451 begonnen, die Arbeiten zogen sich jahrzehntelang hin. 1477-79 erfolgte die Eindeckung, 1483 weihte der Eichstätter Weihbischof Kilian Pflüger den noch unvollendeten Bau. Erst 1511/18 konnte die Kirche durch die finanzielle Unterstützung reicher Nürnberger Familien eingewölbt werden. Im Landshuter Erbfolgekrieg war Gnadenberg von den Nürnbergern 1504 eingenommen worden und stand fortan unter der Herrschaft der Reichsstadt. Vor allem Angehörige der Familie Fürer von Haimendorf zeigten sich damals besonders großzügig und beauftragten ihren berühmten Zeitgenossen Dürer, ein Gutachten zum Bau des Daches anzufertigen. Der kunstvolle Dachstuhl des Klosters, dessen Meister wir nicht kennen, machte das Kloster weithin berühmt. Auch die Ausstattung wurde größtenteils von Nürnberger Familien finanziert, die Angehörige im Kloster hatten.

Das Klosterleben erreichte im 15. Jahrhundert seine kulturelle Blüte. 1470 wurden in Gnadenberg die Offenbarungen der hl. Birgitta („Revelationes Santae Birgittae“) erstmals vollständig ins Deutsche übersetzt. 1473 konnte in Maihingen bei Nördlingen das erste Tochterkloster besiedelt werden.

Die Reformationszeit brachte schließlich die schrittweise Auflösung des Klosters. 1556 führte Pfalzgraf Ottheinrich die neue kalvinische Kirchenordnung ein, 1563 gilt als das Jahr der Aufhebung des Klosters. Damals lebten gerade noch vier Nonnen in Gnadenberg.

Die Rekatholisierung der Oberpfalz im 17. Jahrhundert brachte zunächst einen Hoffnungsschimmer. Der bayerische Kurfürst Maximilian I. hatte 1631 von Papst Urban VIII. die Erlaubnis erhalten, das Birgittenkloster Gnadenberg neu erstehen zu lassen. 1635 jedoch wurden die Kirche und der größte Teil der Klostergebäude im Dreißigjährigen Krieg niedergebrannt.

1654/55 wandelte man das Refektorium im erhalten gebliebenen Südflügel in einen Kirchensaal um (dazu siehe weiter unten!), die Klosterkirchenruine diente fortan als Steinbruch. 1671 ging das Kloster in den Besitz der Salesianerinnen bei St. Anna in München über. 1803 kamen die Gebäudereste im Zuge der Säkularisation in private Hand, 1898 schließlich an den bayerischen Staat.

Die **Ruine der ehem. Klosterkirche** beeindruckt zunächst durch die Monumentalität der noch aufrecht stehenden Außenmauern mit ihren großflächigen Fensteröffnungen. Wir wollen uns zunächst orientieren: Wir haben die Kirche durch den linken der beiden ursprünglichen Eingänge betreten, die einst in die Nebenschiffe führten. Linker Hand sind große Mauerpartien der Langseite erhalten geblieben, gegenüber auf der rechten Seite le-

diglich ein zwei Joche tiefer Wandabschnitt, an den sich der einzig erhaltene Flügel der Klosteranlage anschließt. Ursprünglich hatte die Kirche eine Gesamtlänge von 70 m und eine Breite von 37 m.

Das Besondere der Gnadenberger Klosterkirchenruine ist ihre spezifische Bauweise, die den strengen, von Birgitta selbst für den Bau ihrer Ordenskirchen aufgestellten Regeln folgt. So sollte eine Kirche stets westlich orientiert sein, also genau entgegen der sonst üblichen Ausrichtung nach Osten. In Gnadenberg erstreckt sich die Kirche von Nordosten (Eingangswand) nach Südwesten, wo wir uns den Chor hinter dem heutigen Anwesen „Am Kloster 1" vorzustellen haben. Eine Birgittenordenskirche war prinzipiell eine dreischiffige Halle zu fünf Gewölbejochen mit einem gerade geschlossenen, einjochigen Chor. Auf der östlichen Eingangsseite führten - wie bereits gesehen - zwei Portale ins Innere der Nebenschiffe, während an der inneren Stirnwand des Mittelschiffs traditionell ein Marienaltar stand. Entlang der inneren Langhauswände gab es einen abgeschlossenen, umlaufenden Gang für die Mönche, die auf ihrem Weg in die Kirche mit niemandem in Berührung kommen sollten. In Gnadenberg zeichnet sich dieser Gang, der ursprünglich vergittert war, noch in Gestalt der spitzen Schildbögen mit den dazwischen liegenden Konsolen und Gewölbeanfängern ab. Er führte die Mönche in den westlichen, wohl ebenfalls vergitterten Chorbereich, wo sich der Hauptaltar und dahinter der Brüderchor befanden. Der Hauptaltar lag gegenüber dem Langhaus um sechs Stufen erhöht, auf denen jeweils beidseitig weitere, insgesamt also zwölf Altäre standen. An der Südseite des Chors war offenbar die Sakristei angebaut, an der Südostecke des Langhauses hat sich das Reststück eines Treppenturmes erhalten (beim heutigen Eingang links um die Ecke). Die Kirche besaß der Regel zufolge lediglich einen Dachreiter.

Als einzig heute noch vorhandene mittelalterliche Birgittenordenskirche Süddeutschlands kommt der Gnadenberger Kirchenruine besondere Bedeutung zu! Sie repräsentiert den spezifischen Baustil dieses Ordens, der im Mittelalter 79 Klöster umfaßt haben soll.

Das einzig erhaltene Grabdenkmal ist die in die innere Südostwand eingelassene Grabplatte des Ritters Martin I. von Wildenstein (1426-1466). Er war Ratgeber des Pfalzgrafen

Johann von Neumarkt-Neunburg und wurde bereits mit 17 Jahren zum Statthalter im Herzogtum Pfalz Neumarkt-Neunburg ernannt. Das Relief zeigt den Verstorbenen in Lebensgröße mit dem Familienwappen in seiner Rechten. Über seinem Kopf befinden sich links die Insignien des Lintwurm- bzw. Drachenordens, rechts des dänischen Drachenordens, an der Kette um den Hals das des Schwanenordens. Martin I. von Wildenstein war ein Gönner des Klosters Gnadenberg und fand hier, in der ehem. Klosterkirche, seine letzte Ruhestätte.

Die **ehem. Klostergebäude** lagen einst streng voneinander getrennt zu beiden Seiten der Kirche. Das Männerkloster erstreckte sich auf der südöstlichen (linken) Seite, das Frauenkloster im Nordwesten. Während die Gebäude des Männerklosters spurlos verschwunden sind, blieb vom Frauenkloster noch ein einzelner Flügel erhalten. Dieser schließt direkt an das zweite der beiden erhaltenen Joche der nordwestlichen Kirchenlangseite an. Hier befand sich der direkte Zugang vom Frauenkloster zum erhöht in der Kirche liegenden Nonnenchor, wie ihn die Bauvorschrift der Ordensgründerin Birgitta forderte.

Im erhaltenen Flügel des Nonnenklosters wurde 1654/55 gegen Nordwesten die heutige **kath. Pfarrkirche St. Birgitta** eingerichtet. Um die erforderliche Raumhöhe zu gewinnen, entfernte man die Decke zwischen dem im Erdgeschoß liegenden Refektorium (Speisesaal) und dem darüber befindlichen Dormitorium (Schlafsaal). Im Inneren des Kirchenschiffs ist an den Längswänden noch der Mauervorsprung zu sehen, auf dem die Zwischendecke einst auflag. 1961 wurde der Kirchensaal um den querrechteckigen Altarraum erweitert.

Die Kirche beherbergt drei barocke Altäre, von denen das Altarblatt des Hochaltars die mystische Vermählung der hl. Birgitta mit Jesus unter Vermittlung Marias darstellt (1689). Der Altartisch enthält die Reliquie der hl. Honorata, die aus der Priscilla-Katakombe in Rom stammt. Die beiden Seitenaltäre wurden Ende des 17. Jahrhunderts gefertigt. Der Marienaltar links zeigt die Figuren der Muttergottes sowie der hl. Josef und Franz von Sales (Kirchenlehrer). Der rechte Seitenaltar ist den Vierzehn Nothelfern geweiht, die als geschnitzte Reliefgruppe im Mittelfeld zu sehen sind; als Seitenfiguren erscheinen die hll. Antonius und Franz von Assisi. Bemerkenswert sind auch die lebensgroßen bemalten Holzfiguren der 12 Apostel, die an den Längswänden aufgestellt sind. Sie stammen aus dem beginnenden 18. Jahrhundert und werden dem Neumarkter Bildhauer Johann Paul Wirsching zugeschrieben.

Verlauf des markierten Jakobsweges im östlichen Mittelfranken von Rasch bis Stein-Deutenbach

Urpfarrei Rasch im Altdorfer Land

Vollends aus dem Dorf hinaus, direkt vor dem Ortsende-Schild links hinab! Unsere Jakobsmuschel dirigiert uns schräg rechts hinüber in einen Feldweg. Parallel zur auf der anderen Talseite lärmenden Autobahn wandern wir am Waldsaum entlang. Auf der Straße ein paar Meter links, dann links ab, über die Schwarzach und sofort rechts herum! Neben dem Fluß hinlaufend unterqueren wir die Autobahn und geraten auf ein Teersträßchen, welches uns rechts geradewegs nach ***Rasch*** *bringt.*

Die früheste Erwähnung des Ortes erfolgt in einer Schenkungsurkunde aus der Regierungszeit Kaiser Heinrichs II. (1002-1024). Im 12. Jahrhundert hatten die Herren von Rasch auf dem nahe gelegenen Berg ihren Stammsitz, die Burg Hohenrasch. Später verlegten sie ihren Sitz ins Dorf, von der Burg sind heute keine Mauerreste mehr erhalten. 1504 kam Rasch infolge des Landshuter Erbfolgekriegs an die Freie Reichsstadt Nürnberg. Auf ihr Geheiß erfolgte 1525 die Einführung der Reformation.

Die **evang.-luth. Pfarrkirche St. Michael**, die nördlich liegende sog. Schäferkapelle und das Pfarrhaus bilden eine Baugruppe, die erhöht über der Schwarzach liegt. Das Michaelspatrozinium der Kirche weist uns bereits auf ihr hohes Alter hin. Rasch war zunächst Urpfarrei für das umliegende Gebiet. Nachdem Altdorf aber bereits Mitte des 14. Jahrhunderts Pfarrei geworden war, ist die ehem. Mutterpfarrei Rasch 1465 schließlich als ihre Filiale bezeugt. Erst 1689 wurde Rasch wieder selbständige Pfarrei, wenn auch der Pfarrer bis 1818 noch in Altdorf wohnte.

Der heutige Bau geht zurück auf eine romanische Chorturmkirche aus dem frühen 12. Jahrhundert. Die alten Mauerpartien zeichnen sich durch Rundbogenfriese an den äußeren Langhausseiten und am Chorgeschoß des Turms noch deutlich ab. Wahrscheinlich im 14. Jahrhundert wurde die wehrhafte Friedhofsbefestigung errichtet, die auf der Nordseite die sog. Schäferkapelle miteinbezieht. Die hohen Mauern, die den Einwohnern in Kriegszeiten Schutz bieten konnten, wurden 1818 bis auf die verbliebene Höhe abgebrochen. Ein ehem. Torturm, der sich einst an der Stelle des heutigen Friedhofeingangs befand, wurde 1884 niedergelegt.

Im späten Mittelalter erhielt der gedrungene Turm sein Fachwerkobergeschoß und den spitzen Helm. 1711 erfuhr das Langhaus eine Erweiterung nach Westen um die Tiefe der westlichen Empore. Im 18. Jahrhundert kamen schließlich die heutige Sakristei und der Portalvorbau hinzu. 1981-83 fand eine gründliche Außen- und Innenrenovierung der Michaelskirche statt.

Wir betreten das Gotteshaus von Norden her und werden zunächst von der ausladenden Doppelempore überrascht, die das Kircheninnere beherrscht. Die dreiseitig umlaufende Holzkonstruktion mit Säulenbrüstung wurde in Abschnitten 1604 und 1711 errichtet. In zwei ihrer originalen, farbig gefaßten Holzstützen finden sich die entsprechenden Jahreszahlen eingekerbt. In der Oberwand der Nordseite, teilweise durch die Emporen verdeckt, sind noch drei alte, romanische Rundbogenfenster zu sehen.

Der Hochaltar wurde 1861 aus verschiedenen Bruchstücken älterer Werke, die aus der Kirche stammen, zusammengestellt. Damals suchte man Ersatz zu schaffen, für eine ehem. in der Kirche befindliche spätgotische Muttergottesfigur, die 1845 nach Berg verkauft worden war. Der heutige Hochaltar vereinigt Figuren und Malereien aus verschiedenen Zeiten: Die Kreuzigungsgruppe im Schrein ist dem beginnenden 18. Jahrhundert zuzuweisen, die Figur des Auferstandenen im neugotischen Auszug des Altars stammt aus der Zeit um 1500. Die qualitätvollen Flügelgemälde sind das Werk einer Nürnberger Werkstatt um 1480/90. In geöffnetem Zustand sehen wir links die hll. Katharina und Barbara, rechts Maria Magdalena und Margarete. Bei geschlossenen Flügeln (in geöffnetem Zustand rückseitig) sind wichtige Ereignisse aus dem Marienleben zu sehen, links die Anbetung der Könige und der Tempelgang Mariä, rechts die Verkündigung an Maria und das Pfingstgeschehen.

Chorbogenkruzifix und Taufstein sind beide 1711 bezeichnet. Der alte romanische Taufstein der Michaelskirche befindet sich heute in der sog. Schäferkapelle. An der Chorbogenlaibung hängen drei interessante Bronzewappen der Strupperger (mit bärtigem Männerkopf oben), der Rech von Rechenberg (mit Rechen) und der Wippfeld (mit Schwan). Sie entstammen dem mittleren 16. Jahrhundert und bezeichnen einstige

Bewohner des Herrensitzes, die in der Kirche bestattet wurden. An der rechten Chorbogenwand sehen wir den hl. Michael als Drachentöter wiedergegeben. Das großformatige Wandgemälde schuf Richard Schwarzkopf 1948. Das Orgelgehäuse auf der oberen Westempore gehört dem beginnenden 18. Jahrhundert an, das Orgelwerk wurde 1932 erneuert.

Nördlich der Kirche steht die **sog. Schäferkapelle**, die einst dem hl. Sighardus (Sighartus; angeblich der Hauptmann unter dem Kreuz Jesu) geweiht war. Wann die Kapelle errichtet wurde und woher sie ihren volkstümlichen Namen bekam, ist ungewiß, es existieren keine literarischen Nachrichten. Einst sollen Schäfer hier ihre Andacht gehalten haben. Bei Sicherungsarbeiten 1988 zeigte sich, daß die Kapelle über einem älteren Friedhof errichtet worden war, außerdem kamen zahlreiche Votivgaben aus dem Kirchenboden zum Vorschein.

Anhand der Maßwerkform der Fenster kann auf eine Bauzeit spätestens in der zweiten Hälfte des 14. Jahrhunderts geschlossen werden. Im 19. Jahrhundert wurde die Kapelle profaniert, seit 1952 dient sie als Leichenhaus. Im Inneren wird der romanische Taufstein aus der Michaelskirche verwahrt.

Das **Pfarrhaus** (Am Kirchenbühl 2) wurde 1819 im **ehem. Herrensitz** untergebracht, den die Kirchenstiftung damals von der Familie Volckamer erwarb. 1504 datiert die erste urkundliche Erwähnung des Herrensitzes. Der bestehende Bau, der sich aus zwei im rechten Winkel zueinander stehenden Satteldachhäusern mit Fachwerk in den Obergeschossen und im Giebel zusammensetzt, wurde in der ersten Hälfte des 18. Jahrhunderts neu errichtet.

Längs der Kirchenmauer auf dem Schotterweg hinab in den Schwarzachgrund! Bei der Gabelung halten wir uns links und wandern am unteren Saum des Hangwalds am Talrand dahin. Einige sich vorschiebende Waldzungen werden durchschnitten; mitunter mäandert auch die Schwarzach an unseren Weg heran. Nach einer geraumen Weile überschreiten wir in Höhe der Prethalmühle den Fluß und steigen auf der Teerstraße links in Richtung ***Prackenfels*** *an. Die gleichnamige Burg gehörte 1334 den Waldstromern und später den Harter von Hohenrasch; nach deren Wappentier, einem Bracken (Spürhundrasse), wurden Burg* *und Ort benannt. 1541 waren die Rech von Rechenberg Eigentümer, dann die Grundherr zu Altenthann und zuletzt die Haller von Hallerstein. Im 18. Jahrhundert verfiel das inzwischen zur Ruine gewordene Schloß restlos.*

Unmittelbar nach der evang. Jugendtagungsstätte wenden wir uns markierungsgemäß nach links (rechts „Prackenfels 20") und passieren den Lochmannshof. Die Teerung hört auf, wir haben einen Schotterweg unter den Füßen. Nach einer wieder etwas längeren Wanderstrecke tauchen wir in den Wald ein (links ein Soldatengrab) und nehmen gleich darauf den rechts nach Grünsberg abgehenden schönen Waldweg. Zu unserer Linken plätschert ein anfangs tief eingegrabener Bach, den wir bald queren. Durch eine kurze, aber wildromantische Schlucht stapfen wir hinauf nach ***Grünsberg****.*

1199 datiert die erste Erwähnung einer Burg „Grundesberc" („Ansitz im Grunde"). 1235 ist „Grundesperch" als Stammsitz der Familie von Rindsmaul nachweisbar. In der Folgezeit wechselten die Besitzer mehrfach; unter ihnen befand sich auch der berühmte Feldhauptmann Seyfried Schweppermann, dessen Grab wir bereits in Kastl gesehen haben. 1504 wurde der Ansitz dann im Landshuter Erbfolgekrieg zerstört. Nach dem Wiederaufbau innerhalb des erhalten gebliebenen Mauerrings hatten

verschiedene Nürnberger Familien auf **Schloß Grünsberg** ihren Sitz. Der heutige Hauptbau entstand 1561 (mittelalterlicher Kern), das Pächterhaus um 1650. 1710/25 war der Kriegsobrist Johann Paul Paumgartner hier Schloßherr und ließ in dieser Zeit zahlreiche bauliche Erweiterungen vornehmen. Damals wurden der Turmbau, das Verwalterhaus, der sog. Billardbau und der Treppenturm des Hauptbaus errichtet. Seit 1754 ist Schloß Grünsberg Ansitz der Freiherren Stromer von Reichenbach. Die Familie kam auch für die Wiederinstandsetzung des Schlosses nach der Teilbeschädigung 1945 auf.

Da sich Schloß Grünsberg in Privatbesitz befindet, wollen wir lediglich von der Straße aus einen Blick durch den Torbogen werfen. Die Langseiten zweier Gebäudetrakte und das im Osten befindliche Torhaus umgrenzen hier den äußeren Wirtschaftshof. Links steht das zweigeschossige Verwalterhaus, dessen Westgiebel die Jahreszahl 1725 trägt. Das gegenüber liegende Pächterhaus mit Dachreiter wurde um 1650 erbaut. Das quadratische Torhaus stammt noch aus dem 16. Jahrhundert und wurde zu Beginn des 18. Jahrhunderts lediglich nach innen vertieft. Über dem Eingangstor sind das Allianzwappen Paumgartner-Nützel und die Jahreszahl 1723 zu sehen.

Im Hintergrund ragt der Hauptbau des Schlosses auf, der 1561 über den mittelalterlichen Mauern der damals zerstörten Burg errichtet wurde. Die Jahreszahl ist gut sichtbar am Westgiebel angebracht. 1710/25 ließ der damalige Schloßherr J.P. Paumgartner auf der Hofseite einen Treppenturm und im Nordosten den dreigeschossigen Turmbau anfügen. Die Innenräume erhielten qualitätvolle Stukkaturen, die Donato Polli zugeschrieben werden. Hier, im Bereich des inneren Schloßhofes, befindet sich auch der sog. Billardbau, der ebenfalls 1710/25 über staufischen Fundamenten seine heutige Baugestalt erhielt. Seinen Namen verdankt er einem Billardspiel, das den Altdorfer Universitätsprofessoren in einem der Räume traditionell zur Verfügung stand.

Auf der anderen Straßenseite gegenüber dem Anwesen steht die alte Zehntscheune, ein Stück weiter südlich liegt der sog. Himmelgarten. Rund 400 m südwestlich des Schlosses, inmitten des waldigen Parks, liegt die Sophienquelle (siehe unten!).

Auf dem Gehsteig neben der Fahrstraße links, bis uns die Muschelzeichen direkt gegenüber des Ortsende-Schilds halbrechts in einen breiten, alleeartigen Waldweg weisen. Am Amalienbrünnlein vorbei kommen wir zu ***Sophienquelle****, einer der stärksten Quellen Europas.*

Johann Paul Paumgartner, der ja als Schloßherr von Grünsberg eine rege Bautätigkeit entwickelt hatte, ließ die Quelle zu Ehren seiner Gemahlin Sophie Maria, geb. Nützel, ab 1724 fassen. Nach dem Tode Paumgartners 1726 fiel die Hauptbaulast auf seine Witwe Sophie, die die Anlage bis 1728 fertigstellen ließ. Im 18. Jahrhundert war die Sophienquelle ein beliebtes Ausflugsziel, an dem auch musikalische und literarische Unterhaltungen stattfanden. Eine vergleichbare Anlage im Altdorfer Land findet sich nur noch in Rockenbrunn.

Die kaskadenförmige Quellfassung wird umrahmt durch zwei im Rund emporsteigende Treppen, die auf die darüberliegende Terrasse führen; die einstige Sandsteinballustrade wurde hier 1860 im Rahmen einer Wiederherstellung durch eine massive Mauer ersetzt. Vor der Quelle liegt ein zweites, größeres Rundbecken, das als Abfluß dient. Nach mehreren Reparaturmaßnahmen kam es 1979 zu einem Wiederaufbau, der nach den Worten des Mitinitiators Wolfgang von Stromer „fast einem Neubau" gleichkam. Unter erheblicher finanzieller Beteiligung der Familie von Stromer konnte die architektonische Anlage gesichert und der Öffentlichkeit wieder übergeben werden.

Danach schlängelt sich unsere Route durch den Wald und quert linkshaltend einen Bach. Anschließend müssen wir links empor, umgehen ein Seitentälchen und stoßen schließlich auf einen Querweg, der uns rechts in Windungen empor nach Wallersberg (1425 „Waltersperg" - Siedlung eines Walthari) bringt. Dem Teersträßchen folgen wir über die Höhe des Mühlbergs bis kurz vor ***Altenthann****. Auf einer immer schwächer ausgeprägten Grasfuhre spazieren wir rechts zum Schuppen und an ihm vorbei zur Kirche von Altenthann.*

Der Ortsname geht zurück auf die um 1100 errichtete ehem. Stammburg der Herren von Thann, die gegen 1250 aufgegeben und durch die neue Veste in Burgthann ersetzt wurde. „Altenthann" bedeutet also soviel wie „Alt-Thann". Bis Anfang des 16. Jahrhunderts gehörte der Ort zum Herrschaftsgebiet der Wittelsbacher Linie der Pfalzgrafen, die in Heidelberg residierten; nach dem Landshuter Erbfolgekrieg 1504 kam Altenthann unter die Hoheit der Freien Reichsstadt Nürnberg.

Die **evang.-luth. Pfarrkirche St. Veit** liegt an erhöhter Stelle innerhalb der Befestigung des ehem. Friedhofs. Errichtet wurde

sie im Gelände der ehem. Burg der Herren von Thann. Möglicherweise stammt das Fundament des Kirchturms, dessen Ausrichtung von der Längsachse des Schiffs abweicht, noch von einem Turm dieser Burg. Ihren roten Farbanstrich erhielt die Kirche nach entsprechendem historischen Befund im Zuge der Außenrenovierung 1978.

Seit dem späten 13. Jahrhundert stand hier zunächst eine kleine Kapelle, die dem hl. Nikolaus geweiht war. 1464 erhalten wir die erste urkundliche Nachricht über die Altenthanner Kirche. Damals stiftete ihr der Kornburger Pfarrer eine Messe am Sonntag vor dem Fest des hl. Veit, dem die Kirche dann fortan geweiht ist. 1563 wurde Altenthann zur Filiale von Altdorf erhoben, 1610 schließlich hatte die Gemeinde ihren ersten eigenen Pfarrer.

Das Patronatsrecht der Altenthanner Kirche ist bis heute - wenn auch in eingeschränkter Form - der Familie von Grundherr zueigen. Ort und Kirche Altenthann wurden 1535 von Paulus von Grundherr erworben. Mit seinen Nachkommen fand 1693 eine vertragliche Regelung des Patronatsrechts statt. 1973 wurde schließlich vereinbart, daß das Patronat der Familie Ende des Jahres 2000 endgültig erlischt.

In ihrer heutigen Gestalt wurde die Kirche erst 1697 errichtet, nachdem man ihren Vorgängerbau planmäßig abgetragen hatte. Die südlich an den Chor anschließende Sakristei wurde 1946/47 nach Kriegszerstörung wiederaufgebaut.

Dem Kirchensaal mit dreiseitigem Ostabschluß liegt ein einfaches architektonisches Konzept zugrunde. Umso bemerkenswerter ist die farbige Gestaltung des **Innenraums**, die anhand der originalen Befunde bei der jüngsten Renovierung 1995 wiederhergestellt wurde. Diese im Rahmen der denkmalpflegerischen Tätigkeit ungewöhnliche Maßnahme wurde im darauffolgenden Jahr als mustergültig prämiert!

Die Holztonne, die erst im Zuge der Renovierung als originaler Bestandteil des barocken Kircheninneren erkannt wurde, die nördliche Doppelempore und die westliche Orgelempore sowie die Laibungen der Fenster sind in Schwarz, Ockergelb und gedecktem Weiß gefaßt. Die einheitliche Farbgebung verleiht dem Raum eine harmonische Atmosphäre.

Das heraldische Wandgemälde an der südlichen Chorschräge gibt das Stammwappen der Altenthanner Patronatsfamilie von Grundherr wieder, einen halben, silbernen, gekrönten Löwen auf rotem Schild mit Helmzier.

Auch die qualitätvolle **Kirchenausstattung** steht in engem Zusammenhang mit den Patronatsherren. Der Altaraufbau mit einer geschnitzten Kreuzigungsgruppe im Schrein und dem bekrönenden Auge Gottes stammt aus der Zeit um 1700. Die Predella mit der fast freiplastischen Abendmahlsdarstellung datiert rund 100 Jahre früher und wurde erst nachträglich eingefügt. Die Kanzel kam ebenfalls um 1700 in die neu erbaute Kirche. Ihr Korpus ist mit Gemälden der vier Evangelisten geschmückt, auf der Unterseite des Schalldeckels ist eine gemalte Heilig-Geist-Taube zu sehen. Rückseitig ist ein Ölbild mit dem Motiv der Versöhnung von Jakob und Esau (1 Mos 33) angebracht. Dabei handelt es sich um eine Kopie nach Peter Paul Rubens, die nach 1726 als Gedächtnisstiftung für Ferdinand von Grundherr und seine Gemahlin Maria Elisabetha in die Kirche kam. Der nahe der Kanzel stehende Taufstein wurde laut Inschrift 1853 gestiftet.

An der Südwand befindet sich ein bemerkenswerter Gedächtnisschrein für Anna Helena Grundherr. Das 1759 vollendete Werk hat interessante Flügelgemälde aufzuweisen, die der Nürnberger Johann Justin Preißler schuf. Auf den Außenseiten ist das Allianzwappen Grundherr-Löffelholz wiedergegeben, innen sehen wir links die Verstorbene mit ihren drei Stiefkindern, rechts die Auferstehung und Himmelfahrt der Verstorbenen, während ihr Gemahl in antikischer Gewandung zurückbleibt. Die ebenfalls an der Südwand befindliche Kreuzigungsgruppe stammt aus der Mitte des 17. Jahrhunderts; die Figur des hl. Nikolaus, des ehem. Patrons der Kirche, ist um 1500 entstanden.

Die südliche Fensterreihe enthält einige sehenswerte Glasgemälde, von denen das älteste mit der halbfigurigen Darstellung des Kirchenpatrons St. Veit noch aus der ersten Hälfte des 14. Jahrhunderts stammt. Wir müssen schon genau hinsehen, um das kleine, in dunklen Farben gehaltene Bild im rechten oberen Viertel des ersten östlichen Fensters zu entdecken! Wesentlich besser zu erkennen ist das Stifterbild mit Gnadenstuhl im darauffolgendem Fenster (bez. 1548), das in der unteren Bildhälfte Paulus von Grundherr mit seiner Familie abbildet.

Die Orgel auf der Westempore wurde 1976 angeschafft. Vor dem Verlassen der Kirche lohnt sich noch ein Blick in den

Läutraum des Turms, in dem seit 1996 drei instand gesetzte Glasgemälde aus dem 19. Jahrhundert ausgestellt sind.

An der Kirche vorbei begeben wir uns hinab in den Thanngraben, der hier seinen Anfang nimmt. Links und rechts steht Sandstein an; ein Bach begleitet uns. Nach einem Weilchen entfernen wir uns etwas vom Graben, laufen nahezu eben durch den schönen Wald! Wieder ein bißchen später löst sich links ein Waldweg, der uns bergab zum Thanngraben zurückbringt. Nachdem wir das Brückchen überschritten haben, genießen wir die herrliche Wanderung durch den romantischen, stillen Talgrund! Der schmale Weg endet nach geraumer Zeit; wir stehen am Ortsbeginn von ***Rummelsberg****. Auf engem Pfad halbrechts empor!*

1369 wird ein „Hoff zu dem Rumelsperg“ erstmals urkundlich genannt. Es handelte sich um einen einzelnen Zeidlerhof, auf dem Bienenzucht betrieben wurde (zum Zeidelwesen siehe unter Feucht!). Im Laufe der Zeit kam der Hof in den Besitz verschiedener Nürnberger Familien. Daneben existierte hier einstmals auch ein „Schlößlein“, das der namengebenden Familie Rummel in den Anfängen als Herrensitz diente. 1590 und 1623 hören wir vom Wiederaufbau dieses Schlosses, das mittlerweile aber spurlos verschwunden ist.

Rummelsberg, Brüderhaus

1903 kaufte der Landesverein für Innere Mission in Bayern den Rummelshof mit dem Ziel, die 1890 in Nürnberg gegründete **Diakonenanstalt** hierher zu verlegen. Bereits zwei Jahre später konnte das erste Anstaltsgebäude feierlich eingeweiht werden. In den folgenden Jahren wurde weiterer Grundbesitz erworben, um die stets neuen Bauaufgaben erfüllen zu können: So fanden 1927 die Weihe der Philippuskirche und 1931 die Eröffnung des neuen Brüderhauses statt.

Die diakonische Tätigkeit in Rummelsberg galt zunächst der Erziehung gefährdeter Jugendlicher, später dann der Pflege alter und kranker Menschen. Heute werden in den Rummelsberger Anstalten vorwiegend körperlich behinderte junge Menschen betreut und ausgebildet. 1976 wurde das Berufsbildungswerk Wichernhaus eröffnet, in dem Ausbildungsplätze für verschiedene Berufsarten zur Verfügung stehen. Das Rummelsberger Krankenhaus entstand in seiner heutigen Form aus der Vereinigung des 1965 geweihten Laurentiushauses mit der Orthopädischen Klinik, die 1980 von Altdorf hierher zog. Am 2. Juni 1990 feierte die Rummelsberger Brüderschaft mit nahezu 2000 Gästen ihren 100. Geburtstag. Einrichtungen der Rummelsberger Anstalten finden sich heute über ganz Bayern verteilt!

Wir wollen uns lediglich die **evang.-luth. Philippuskirche** näher ansehen. An erhöhter Stelle liegend bildet sie das natürliche Zentrum der Anstalt. 1924-27 wurde die Kirche nach Plänen des Nürnberger Architekten Christian Ruck errichtet. Die dafür verwendeten Sandsteine hatten die Rummelsberger selbst im Steinbruch gebrochen.

Durch das nordöstliche Seitenportal betreten wir das Kircheninnere. Das Langhaus in Form einer Halle weist im Mittelschiff eine hölzerne Kassettendecke auf, die Seitenschiffe hingegen sind tonnengewölbt. In den rückwärtigen Teil der Kirche ist eine dreiseitige Empore integriert, auf der im Westen die (erneuerte) Orgel steht. Der eingezogene Chor mit Kreuzgewölbe erhält sein Licht durch ein kleines, für die Gemeinde nicht sichtbares Südfenster. Eine derart „mystische“ Lichtregie im Chorbereich ist typisch für die Sakralarchitektur dieser Zeit.

Besondere Aufmerksamkeit verdienen die B i l d w e r k e a n d e r C h o r w a n d. Das kompositorische und geistige Zentrum stellt das hölzerne Kruzifix im oberen Wandbereich dar. Zusammen mit den gemalten Figuren der Maria und des Johannes zu seinen Seiten entsteht das Bild der Kreuzigungsgruppe. Darunter befinden sich Wandgemälde der sieben Armenpfleger nach Apg 6,1-7, der ersten Diakone der Chistenheit. Genau in der Mitte und damit an hervorgehobener Stelle steht Philippus, der Patronatsheilige, dem zu Lebzeiten speziell die Krankenpflege übertragen worden war. Die Skulptur des Gekreuzigten schuf der Erlanger Bildhauer Walter Bischoff, die Fresken sind ein frühes Werk der Münchener Malerin Annemarie Naegelsbach.

Die Markierung lotst uns durch das nördliche Anstaltsgelände. Beim Jugendhilfezentrum müssen wir links herum und in Richtung Tagungszentrum marschieren. Aber schon geht es links in den Fußweg und im Rechtsbogen zum Wald! Im Innern schwenken wir nach ein paar Schritten rechts in einen schmalen Weg ein, der wenig später als Steig bergab führt. Nach der Freileitung queren wir ein Forststräßchen und wandern ohne Richtungsänderung auf dem grasbewachsenen Waldweg weiter. An der nächsten Wegekreuzung halten wir uns rechts. Durch die Bäume erspähen wir einige Häuser von Ochenbruck. Nochmals rechts abzweigend, treffen wir auf den vom Dreibrüderberg herabkommenden Wanderweg (Blaupunkt). Auf ihm rechts, doch bereits nach wenigen Schritten links waldeinwärts! Nach einem Weilchen - beim Wasserbehälter - wählen wir den linken Weg. Wo das Waldsträßchen einen scharfen Rechtsbogen beschreibt, laufen wir geradeaus. Zu unser Linken begleitet uns nun minutenlang die Bahnlinie Nürnberg-Regensburg. Doch bald unterschreiten wir sie und setzen unsere Tour nach ein paar Metern rechts auf einem breiten Waldweg fort.

Wenige Kilometer vor Nürnberg: St. Jakob in Feucht

Schon nach kurzer Zeit löst sich rechts ein schmaler Weg, der uns zu den ersten Häusern des alten Zeidlerortes ***Feucht*** *bringt. Längs einer Eichenallee kommen wir zur „Regensburger Straße", auf der wir geradewegs ins Ortszentrum gelangen (die Muschelmarkierung steuert rechts durch die „Spinnbahn" direkt den Marktplatz an).*

An der alten Handelsstraße von Nürnberg nach Regensburg gelegen, wird Feucht um 1190 erstmals urkundlich faßbar („Fuhte“); damals weihte hier Bischof Otto von Eichstätt eine Filialkirche von Leinburg. Der Ortsname ist von althochdeutsch „fiuhta“ für Fichte abzuleiten, nicht etwa von Feuchtigkeit! Zunächst ein Reichsgut, das Nürnberg unterstand, war Feucht 1378 bereits ein wohlhabender Markt. Diese rasche Entwicklung verdankt der Ort dem Zeidelwesen, der Bienenzucht, die im Reichswald besonders intensiv betrieben wurde.

Die Bezeichnung „Zeidler“ für Bienenzüchter geht auf das althochdeutsche Wort „zidel“ für Biene zurück. Bienenhonig spielte damals, vor der Einführung des Rohrzuckers, als das gebräuchliche Süßmittel eine wichtige Rolle. Der Reichswald galt im Mittelalter als des „Deutschen Reiches Bienengarten“. Ohne das hiesige Zeidelwesen, wie es besonders im südlichen Lorenzer Wald betrieben wurde, hätte es beispielsweise die berühmten Nürnberger Lebkuchen nie gegeben! Ebenfalls ein wertvolles Produkt des Zeidelwesens ist das Bienenwachs, das in erster Linie für Kerzen gebraucht wurde. 1296 datiert die erste urkundliche Erwähnung eines Feuchter Zeidelmeisters namens Hildebrand. 1350 erteilte Kaiser Karl IV. den Zeidlern ein Privileg zur Regelung ihrer Rechte und Pflichten. Bei Streitigkeiten unter den Zeidlern des Lorenzer Waldes hatte ein eigenes Zeidelgericht mit Sitz in Feucht zu entscheiden. Dieses Gericht, das bereits im 12. Jahrhundert bestand, wurde erst 1798 unter preußischer Herrschaft aufgehoben.

Seit 1427 gehörte Feucht zur Freien Reichsstadt Nürnberg, die den Ort 1431 als Markt befestigen ließ. Auf den Erlaß des Nürnberger Rates hin erfolgte 1525 die Einführung der Reformation. Erst gegen Ende des 19. Jahrhunderts gab es wieder eine katholische Gemeinde im Ort.

In Kriegszeiten hatte Feucht des öfteren schwer zu leiden: 1449 wurde der Markt durch den Markgrafen Albrecht Achilles eingeäschert, im Zweiten Markgrafenkrieg 1552 brannte der Ort erneut. Am 10./11. August 1943 erlitt Feucht seinen schwersten Luftangriff, bei dem 653 Flugzeuge auf ihrem Weg nach Nürnberg einen Teil ihrer Bomben hier niedergehen ließen.

Wenden wir uns nun den zahlreichen Baudenkmälern des Marktfleckens zu! Abweichend von der bisher gewählten Reihenfolge sollen sie entsprechend ihrer Lage entlang unseres Weges beschrieben werden. Am Marktplatz biegen wir links in die Hauptstraße ein und gelangen - zunächst vorbei an der evang. Jakobskirche - zum **Tucherschloß** (Hauptstraße 70), einem der drei Herrensitze in Feucht. In seiner heutigen Gestalt wurde es 1590/91 von dem Nürnberger Patrizier Herdegen Tucher errichtet. Seit 1832 befindet sich hier die Gaststätte „Nürnberger Hof". Der stattliche Bau, dessen Schmalseite zur Straße weist, reicht über drei Geschosse und zwei weitere Stockwerke im Dachbereich. Die rückwärtige Langseite des Gebäudes bereichert ein runder, zur Hälfte vorspringender Treppenturm.

Auf der Hauptstraße wieder zurück in Richtung Marktplatz, erreichen wir nach ein paar Schritten die **evang.-luth. Pfarrkirche St. Jakob** (Schlüssel im Mesnerhaus bei der Kirche). Bereits um 1190 erfolgte die Weihe einer früheren Kirche, die wahrscheinlich ebenfalls dem hl. Jakob geweiht war und an der Stelle der heutigen stand. Der gegenwärtige Bau geht in seinen ältesten Teilen, nämlich dem Unterbau des Chorturms, auf einen Vorgänger aus dem 14. Jahrhundert zurück. Anlaß für diesen Neubau könnte die Erhebung Feuchts zur Pfarrei 1366 gegeben haben. Im 15. Jahrhundert erhielt der Turm sein heutiges Aussehen (oberer Teil erneuert).

Bis zur Mitte des 19. Jahrhunderts war das gotische Langhaus baufällig geworden und mußte abgebrochen werden. Beim Neubau des Kirchenschiffs 1848-50 bezog man den alten gotischen Ostturm mit ein. Der Fliegerangriff 1943 ließ die Kirche in Flammen aufgehen, woraufhin die Langhausdecke einstürzte. Lediglich die Außenmauern und der Turm mit einem unversehrt gebliebenen Glasgemälde des auferstandenen Christus im Altarfenster entgingen der Zerstörung. 1950-51 wurden das Langhaus und der obere Teil des Turms neu errichtet.

Das Kircheninnere wird durch eine dreiseitig umlaufende Holzempore beherrscht, die man wohl in Anlehnung an die doppelten Emporen des neugotischen Vorgängerbaus wählte. Das Langhaus weist im Mittelschiff eine Holztonne auf, seitlich über den Emporen je eine Flachdecke. Der Altarraum, der sich nach wie vor im gotischen Chorturm befindet, besitzt noch sein altes Kreuzrippengewölbe. An der rechten Fensterlaibung des Chorfensters ist das Sandsteinwappen der von Peßler aus dem 15. Jahrhundert angebracht. Die große Wandfläche oberhalb des

Chorbogens zum Schiff hin nimmt ein modernes Monumentalgemälde des auferstandenen Christus ein.

Auf der Altarmensa stehen ein Holzkruzifix aus der Zeit des Wiederaufbaus (Oberammergauer Arbeit) sowie flankierend zwei jüngere Engelfiguren, für die der „Englische Gruß“ des Veit Stoß (Nürnberg, St. Lorenz) die Vorbilder lieferte.

Ich bleibe bei euch

Ich trete in die Jakobskirche ein, setze mich.
Ich werde ruhig - schaue und spüre - wie heimelig bergend der Kirchenraum auf mich zu wirken beginnt.
So, als biete er schon lange Zeit Schutz und Ruhe für die, die in die Kirche kommen.
Der Blick auf den recht engen Chor im Turm verstärkt den Eindruck, dieses Bauwerk sei vor langer Zeit errichtet worden.
Doch der Eindruck täuscht, zwar stammt dieser Teil der Jakobskirche noch aus dem 14. Jahrhundert, aber eben nur dieser.
Im letzten Jahrhundert ist das Schiff wegen Baufälligkeit abgerissen worden und in diesem, genau in der Nacht vom 10. auf den 11. August 1943, durch Brandbomben total zerstört worden.

Besonders die Bombennacht bleibt in Erinnerung.
Wie ein flammendes Fanal ist der brennende Kirchturm über Feucht gestanden. Viele Häuser sind damals zerstört oder beschädigt worden. Doch der Brand der Jakobskirche hat die Szene jener Nacht gespenstisch ausgeleuchtet.
Der damalige Pfarrer, Kirchenrat Heinrich Schoberth, hat noch versucht zu retten, was zu retten war. Doch der Holzinnenausbau des Gotteshauses gab den Flammen schnell Nahrung.

Von einem Ereignis, das sich am Vormittag nach der Bombardierung abspielte, möchte ich erzählen.
Als erste Besucher in die Kirchenruine eintraten, sind sie überrascht worden. Das Fenster im Chor, das in bunten Farben den Auferstandenen mit der Siegesfahne zeigte, war wie durch ein Wunder erhalten. Es wird erzählt, die Sonne habe es von hinten hell angestrahlt und so habe der Auferstandene leuchtend über der Trümmerwüste gestanden, so als wollte er sagen:
„Ich bin da. Ich bleibe bei euch."
Es wird weiter erzählt, gestandenen Männern seien Tränen in die Augen gekommen. Diese Predigt war die Anrede, die sie jetzt brauchten.

Ich sitze in der Kirche und denke an diese Geschichte. Die Predigt des Auferstandenen birgt mich.

Dieter Fürst, Pfr.

Der spätmittelalterliche Taufstein in Chornähe stammt aus der evang.-luth. Pfarrkirche in Fischbach. Sein Becken weist eine Maßwerkdekoration um 1500 auf, der Fuß ist erneuert.

An den Langhauswänden oberhalb der Emporen befinden sich insgesamt sechs bronzene Leuchterengel, die ursprünglich auf dem Altar standen. Sie sind Werke des Nürnberger Bildgießers Jakob Daniel Burgschmiet von 1839/40. Die Orgel auf dem westlichen Emporenabschnitt wurde 1953 geweiht. Beim Verlassen der Kirche begegnen wir unmittelbar in Türnähe dem Epitaphgemälde der Peßler und Mordseisen aus dem späten 16. Jahrhundert. Dargestellt sind die Auferstehung Christi, die Stifterfamilie und das Peßlersche Wappen.

Außen, an der Ostwand des alten Chorturms, ist schließlich die Ölberggruppe aus dem ersten Viertel des 15. Jahrhunderts beachtenswert. Selten ist dabei die Darstellung Gottvaters, der hier dem betenden Jesus personifiziert erscheint. Die heutigen Kirchenmauern, die ursprünglich auch einen südlich der Kirche liegenden ehem. Friedhof einfaßten, stammen in Teilen noch aus dem späten 16. Jahrhundert.

Östlich der Kirche befinden sich die **alte Schmiede** (1980-82 wiedererrichtet) und das **Mesnerhaus**. Letzteres ging aus dem 1716-17 errichteten Schulhaus hervor, in dem der Lehrer, der damals zugleich Mesner war, auch wohnte. Die Trennung von Schule und Kirche fand erst 1927 statt, als in Feucht ein neues Schulgebäude errichtet wurde. Das Mesnerhaus, das fortan als Wohnung des hauptamtlichen Mesners und als Gemeindehaus diente, wurde 1980-82 umgebaut und renoviert.

Weiter auf der Hauptstraße, die am Marktplatz links um die Ecke biegt, sehen wir nach wenigen Schritten auf der Straßenseite gegenüber das **Rathaus** (Hauptstraße 33). Nachdem der spätmittelalterliche Bau 1943 abgebrannt war, erfolgte 1949/50 die Wiederherstellung des Fachwerkobergeschosses und der rückwärtigen Trakte. Das Portal ist mit dem Zeidelmännchen geschmückt, das uns daran erinnert, daß hier in späterer Zeit das Zeidelgericht tagte.

Wir folgen weiter der Hauptstraße, bis wir auf der linken Seite auf Höhe der Informationstafeln einen kurzen Abstecher nach links in die Pfinzingstraße machen. Hier treffen wir bald auf das nächste Patrizierschloß, das sog. **Pfinzingschloß** (Pfinzingstr. 10). 1388 war es im Besitz der Waldstromer, 1455 gehörte es dann dem Nürnberger Patrizier Ludwig Pfinzing. In seiner heutigen Gestalt wurde der groß proportionierte Bau mit seinen vier Ecktürmchen 1557 von Georg Tetzel wieder aufgebaut. Über dem Eingang ist das Wappen der Scheurl angebracht, die das Gut 1680 erwarben und nach denen es auch „Scheurlschloß" genannt wird.

Zu beiden Seiten des Pfinzingschlosses befinden sich zwei interessante Museen: links das **Raumfahrt-Museum des Hermann Oberth**, der einst auch das Pfinzing-Schloß bewohnte

Zeidlerschloß

(geöffnet Sa. u. So., 14-17 Uhr und nach telefon. Vereinbarung: 09128/3502), rechts das Feuchter **Zeidlermuseum** (geöffnet So., 13.30-17.30, Führung nach telefon. Vereinbarung: 09128/12184).

Wir kehren zurück zur Hauptstraße, überqueren sie in Richtung des modernen Brunnens, halten uns hier links des Gauchsbachs, biegen dann links und gleich wieder rechts um die Ecke. Vor uns taucht das rosafarbene **ehem. Zeidelgericht** auf, dessen moderne Bronzetafel über dem Eingang ein Zeidelmännchen darstellt. Gleich dahinter ragt das **Zeidlerschloß** (Mittlerer Zeidlerweg 8) auf, ein turmartiger, dreigeschossiger Bau, der nach der Zerstörung Feuchts 1552 durch Christoph Gugel 1556 wiedererrichtet wurde. Das idyllisch gelegene Schloß war ursprünglich durch einen Wassergraben geschützt, über den einst eine Brücke ähnlich der heutigen zum Eingang führte. Über dem Portal bzw. seinem Vordach sehen wir auch hier das Relief eines Zeidelmännchens in seiner charakteristischen Tracht. Es weist uns darauf hin, daß der Feuchter Zeidelrichter hier einstmals seinen Sitz hatte. 1975 erwarb die Marktgemeinde Feucht das Zeidlerschloß.

Auf demselben Weg zurück zur Hauptstraße, erreichen wir nach ein paar Schritten auf der linken Seite die moderne **kath. Pfarrkirche Herz Jesu**. Wir sollten ihr unbedingt einen Besuch abstatten, da sie Teile eines interessanten Jakobusaltars birgt!

Der Neubau einer katholischen Kirche in Feucht ging aus der Betreuung katholischer Arbeiter hervor, die 1870/71 am Bau der Eisenbahnlinie Nürnberg-Regensburg beteiligt waren. Einer ersten Kapelle 1877 folgte 1903-04 ein größerer Kirchenbau des Nürnberger Architekten Jakob Schmeißner nach Plänen von Josef Schmitz. Ursprünglich sollte auch dieses Gotteshaus dem hl. Jakobus geweiht werden, was aber vom Bischöflichen Ordinariat damals abgelehnt wurde. 1921 wurde die kath. Gemeinde in Feucht, die bis dahin als Expositur bereits einen eigenen Geistlichen hatte, zur Pfarrei erhoben. Nach Kriegszerstörung der Kirche 1943 mußte das Langhaus abgerissen und 1955 durch einen modernen Saal ersetzt werden.

An den beiden östlichen Langhausstirnseiten stehen heute zwei bemerkenswerte Seitenaltäre, die ein abenteuerliches

Schicksal aufzuweisen haben (dazu vgl. Ewald Glückert in der Pegnitz-Zeitung, Lauf, 17./18.08.1996). Ursprünglich bildeten der Jakobusaltar links und der Marienaltar rechts einen zusammengehörigen Aufbau mit dem hl. Jakobus als Schreinfigur, den Marienszenen auf den Innenseiten und den Jakobusdarstellungen auf den Außenseiten der Flügel. In dieser Form stammt der Altar aus der früheren Burgkapelle von Schönberg, wo er 1493 vom Ansbacher Markgrafen Friedrich d. Ä. gestiftet worden war. 1898 wurde die Schönberger Burg abgebrochen, und Teile ihrer Ausstattung, darunter auch der Jakobusaltar, gelangten in den Kunsthandel. Von dort erwarb ihn 1905 schließlich der Kirchenbauverein Feucht, der den Altar in seiner neu erbauten katholischen Kirche zur Aufstellung brachte. Erst 1956 kam es zur Teilung des Jakobusaltars, der damals unter Hinzufügung fremder Bestandteile wie der Muttergottesfigur zu Seitenaltären „umfunktioniert" wurde.

Auf der linken Seite sehen wir den hl. Jakobus als die ursprüngliche Schreinfigur, sowie die ehem. äußeren Flügelgemälde mit Szenen aus Leben und Legende des Heiligen: Links oben Jakobus predigend, rechts oben die Vorführung vor Herodes, links unten die Enthauptung des Jakobus und rechts unten die wundersame Überführung seines Leichnams durch Stiere in den Palast der spanischen Königin Lupa. Der rechte Seitenaltar besitzt die ehem. inneren Flügelreliefs mit Marienszenen: Links

oben die Begegnung Joachims und Annas an der Goldenen Pforte, rechts oben die Verkündigung der Geburt Jesu an Maria, links unten die hl. Anna Selbdritt (Anna, Maria und das Jesuskind) und rechts unten die Heimsuchung (Begegnung der schwangeren Frauen Maria und Elisabeth); die nicht zum ursprünglichen Jakobusaltar gehörige Muttergottesfigur im Schrein stammt aus dem späten 15. Jahrhundert.

Weiter auf der Hauptstraße folgen wir der Jakobsmuschel durch den Eichenhain in Richtung Bahnhof. Vor diesem links hoch, am Schluß des Fußgängerwegs rechts und weiter vorne links in die „Innere Weißenseestraße“. Am Ende der Siedlung kurz durch den Wald, anschließend beim Trafohaus rechts auf dem Fußpfad zum Sportplatz. Wir laufen an ihm entlang, überschreiten nach ein paar hundert Metern die Autobahn und passieren die „Trabrennbahn“. Zweimal müssen wir uns halbrechts orientieren, dann liefert uns der Waldpfad bei den Jägerseen ab.

An den Weihern entlang und links in den Wald! Bei der Weggabel sehen wir noch keine Veranlassung, unsere Richtung zu ändern. Doch kurz darauf dreht unser Weg nach links und nähert sich einer weiteren Autobahn, welche wir wenig später zusammen mit dem Gauchsbach unterqueren.

Am reizvollen König-Ludwig-Kanal zu Nürnberger Ortsteilen

Über eine alte Steinbrücke führt der Weg schließlich zum Ortsrand von Röthenbach bei St. Wolfgang. Am Friedhof vorbei links/rechts zur Kanalbrücke, von der sich der kurze Abstecher hinüber zum ***Schloß Gugelhammer*** *anbietet (hinter der Brücke links).*

Die geschlossene Anlage, die sich heute in Privatbesitz befindet, wird von der Gauchsbachschlucht, dem Ludwigskanal und der Schloßmauer begrenzt. Sowohl das Schloß als auch das 1355 erstmals erwähnte Hammerwerk, der Kanonenkugelhammer, sind im frühen 14. Jahrhundert entstanden. Im Zweiten Markgrafenkrieg wurde Schloß Gugelhammer zusammen mit dem Ort Röthenbach 1552 weitgehend zerstört. Die Nürnberger Patrizierfamilie Nützel ließ das Schloß erst 1607/08 in seiner heuti-

gen Gestalt wieder aufbauen. Über dem Portal ist das Wappen der Schlüsselfelder angebracht.

Neben dem ehemaligen Gesellenhaus mit dem Glockenturm befindet sich der Eingang zur Gauchsbachschlucht, in der sich links ein kleiner Wasserfall bemerkbar macht. Hier stand ehemals das Wolfgangsheiligtum, von dem der Ort Röthenbach seinen Beinamen hat.

Nachdem wir ein Weilchen am alten Kanal dahinspaziert sind, beordert uns die Markierung links in die Ortsmitte von ***Röthenbach bei St. Wolfgang****.*

Röthenbach verdankt seinen Ursprung und Aufschwung dem Zeidelwesen, der Bienenzucht (dazu siehe unter Feucht!). Es ist ein typisches Zeidlerdorf, das aus zwei Mutterzeidelgütern hervorgegangen ist, von denen später Tochtergüter abgespalten wurden. 1293 findet „rotenbach", die „Rodung am Bach", erstmals Erwähnung. 1422 sind in der Siedlung bereits 11 Tochterzeidelgüter bezeugt.

Die Lage Röthenbachs an der für den Fernhandel wichtigen „Salzstraße" (Salzburg - Nürnberg) brachte die Errichtung von Zollschranken mit sich. Am Brückenübergang der Schwarzach richteten zunächst die Nürnberger Burggrafen und später der Markgraf von Brandenburg-Ansbach ihre jeweils eigene Zollstätte ein. Infolge der Grenzlage Röthenbachs zwischen diesen beiden Herrschaftsgebieten waren beide Schranken keine 100 m voneinander entfernt. Da nun die Fuhrleute öfters Wartezeiten zu überbrücken hatten, blühte im Ort bald das Gaststättengewerbe mit insgesamt fünf Wirtschaften.

Der ungewöhnliche Zusatz, um den der eigentliche Ortsname erweitert ist, besteht nicht von altersher. In frühen Urkunden finden wir zunächst die Bezeichnung „Rotenbach an der Swarzach", um mehrere Ortschaften desselben Namens in der Nürnberger Gegend zu unterscheiden. Um 1550 wurde dann „Röthenbach bei St. Wolfgang" geläufig, was uns auf ein Wolfgangsheiligtum außerhalb des Ortes hinweist. Es handelt sich um die bereits erwähnte, östlich von Röthenbach befindliche Felsquelle, die frühzeitig zu einer Wolfgangshöhle ausgestaltet worden war. Wallfahrer auf dem Weg nach St. Wolfgang am Wolfgangsee machten hier auf ihrer Wanderung von Nürnberg über Allersberg weiter nach Regensburg Station. Stätten wie diese boten Gelegenheit zu rasten und ein Gebet zu sprechen. Darüber hinaus war St. Wolfgang u. a. Patron der Schmelzer, so daß seine Verehrung hier, beim Hammerwerk, besonders begünstigt war. Nachdem die Reformation der hiesigen Heiligenverehrung ein Ende gesetzt hatte, wurde aus dem Wolfgangsheiligtum eine Fischgrube. Die Schloßherren von Gugelhammer errichteten im 16. Jahrhundert zwar über der Fischgrube eine neue Wolf-

gangskapelle, diese stürzte jedoch 1732 ein. Heute sind nur noch geringfügige Reste der alten Anlage vorhanden.

Die **evang.-luth. Pfarrkirche St. Willibald und St. Kilian** wurde 1436 durch den Nürnberger Heinrich Meichsner gegründet. Das äußere Erscheinungsbild der Kirche ist in späterer Zeit nicht mehr verändert worden, die Architektur also sozusagen aus einem Guß.

Zwischen dem Langhaus und dem eingezogenen Chor ist im Norden der Turm angebaut, der im Untergeschoß die Sakristei beherbergt. Auf der Langhaussüdseite befindet sich ein schönes Portal mit profilierter Leibung und krabbenbesetzter Bogenumrahmung. Von der nördlichen Hangseite her führt ein überdachter Laufgang auf die Empore im Inneren.

Die Kirche gehörte anfangs zur Altdorfer Filiale Kornburg, ehe sie 1477 selbständige Pfarrei wurde. Zunächst noch dem hl. Wolfgang geweiht, erhielt sie nach 1518 mit den hll. Willibald und Kilian ihr heutiges Patrozinium.

Den Schlüssel zur Kirche erhalten wir im westlich gegenüberliegenden Pfarramt. Das Innere weist einen mit Netzgewölbe versehenen Chor und ein flachgedecktes Langhaus mit zweiseitig umlaufender Empore auf. Die Brüstungsfelder der hölzernen Empore sind bemalt (vgl. Stettkirchen und auch Willhof!). Dargestellt sind die 12 Apostel, die Auferstehung Christi und die

Begegnung Christi (als Gärtner) mit Magdalena, zusammen mit dem charakteristischen Wappen der Patrizierfamilie Schlüsselfelder (links). Die Wappen weisen darauf hin, daß die Nürnberger Herrschaft während des Gottesdienstes hier ihren Sitz hatte. Stifter der Emporenbilder um 1700 war wahrscheinlich Johann Karl Schlüsselfelder, dessen Stuckepitaph an der Südwand zu sehen ist. Derselbe unbekannte Maler, der die Emporenbilder schuf, fertigte höchstwahrscheinlich auch die Einzelbilder Christi, Luthers und Melanchthons an der südlichen Chorwand.

Der barocke Hochaltar mit dem Kruzifix im Schrein stammt aus der Zeit um 1700. Den zweisäuligen Aufbau mit goldgefaßtem Akanthuswerk flankieren Engel, im Auszug ist das Jüngste Gericht wiedergegeben. Die Chorfenster zieren eine Reihe von Glasgemälden aus der Zeit der Renaissance und des Barock. Es handelt sich größtenteils um Wappen reicher Nürnberger Patrizierfamilien. Umso beachtenswerter ist die kleine Scheibe mit der Darstellung der Verlobung der hl. Katharina mit dem Jesuskind im mittleren Fenster. Die künstlerisch feine Arbeit stammt aus der Mitte des 16. Jahrhunderts, einer Zeit, in der religiöse Motive in der kirchlichen Glasmalerei zunehmend selten werden. Unsere besondere Aufmerksamkeit verdient der sog. Schlupfaltar in der Sakristei, der aus dem beginnenden 15. Jahrhundert stammt. Er ist mit einer Öffnung versehen, durch die man zwar nicht hindurchkriechen kann, in die aber erkrankte Körperteile in der Hoffnung auf Heilung hineingehalten werden konnten. Somit spricht einiges dafür, daß der Altar ursprünglich zum ehem. Wolfgangheiligtum bei Schloß Gugelhammer gehörte. Der Taufstein an der Schwelle vor dem Chor dürfte in der ersten Hälfte des 15. Jahrhunderts entstanden sein und ist demnach das einzige erhaltene Ausstattungsstück aus der Bauzeit der Kirche. Sein polygonales Becken ist mit Blendmaßwerk verziert.

An der Langhausnordwand hängen vier eindrucksvolle Gemäldeepitaphien, die wir uns der Reihe nach anschauen wollen: Das vom Chor her gesehen erste Epitaph zeigt Jesus als Kinderfreund im biblischen Hauptbild. Es erinnert an die Kinder des Röthenbacher Pfarrers Paul Kordenbusch und seiner Frau Helena, die zwischen 1652 und 1660 verstarben. Sie sind unterhalb der biblischen Szene kniend dargestellt und scheinen an dieser Stelle die Hoffnung auf eine ähnlich herzliche Aufnahme im Himmelreich zum Ausdruck zu bringen. Das folgende Taufbild ist dem Pfarrer Johann Hufeisen (gest. 1562) gewidmet, der in der linken unteren Ecke zu sehen ist (Wappen mit Hufeisen!). Das nächste, im Hauptfeld mit den Bildern der Kreuzigung und Auferstehung Jesu zweigeteilte Epitaph, zeigt den Röthenbacher Kugelschmied Hans Pieler (gest. 1603) zusammen mit seiner Gemahlin und den zahlreichen Kindern. Letztere sind zum Teil mit einem kleinen roten Kreuz bezeichnet, das auf ihr vorzeitiges Ableben hinweist. Das letzte Gedächtnisbild in dieser Reihe erinnert an Paulus Schneider (gest. 1669) und stellt die Bekehrung seines biblischen Namenspatrons Paulus dar.

Ein weiteres Epitaph, diesmal allerdings aus Stuck, befindet sich an der südlichen Langhauswand in Chornähe. Das Stuckepitaph für Johann Karl Schüsselfelder (gest. 1709), den letzten seines Geschlechts, besteht aus einem Ovalbild des Verstorbenen, eingefaßt durch einen architektonischen Rahmen. Flankierend stehen zwei Personifikationen, links die Wahrheit (Veritas) mit dem Spiegel und rechts die Gerechtigkeit (Justitia) mit der Waage.

Wir wenden uns in Richtung Ausgang und werfen dabei einen Blick auf die Westempore, auf der die Orgel mit Rokokogehäuse aus dem mittleren 18. Jahrhundert steht. Neben dem Ausgang links an der Wand treffen wir auf ein weiteres, großformatiges Gemäldeepitaph mit einer qualitätvollen Darstellung der Geburt Jesu. Das Tafelbild wurde nach dem Tode Peter Rumplers und seiner Frau Anna 1616 gemalt.

Um die Kirche herum, durch die „Schulstraße" und anschließend die „Tiefentalstraße" ortsauswärts. Vor der stark befahrenen Straße links hinunter zur Schwarzach, durch die Unterführung zum Wolfgangsdenkmal und parallel zur Straße ein Stück retour. Unsere Route schwenkt links in ein Weihergelände und verläuft anfangs neben diesem am Waldinnenrand. Aber schon nach einigen Metern geht es im Hangwald auf engem Pfad empor und an der Hangkante weiter. Bald jedoch bewegen wir uns erneut auf einem breiten Weg, der uns nach einer Weile bei den ersten Häusern von ***Wendelstein*** *abliefert. Bevor wir unsere Tour jenseits der „Nürnberger Straße" und des Ludwigskanals fortsetzen, wollen wir uns den alten Ortskern des Marktfleckens ansehen!*

Die Geschichte des Ortes reicht wohl zurück bis ins 11. Jahrhundert, als im Gebiet der heutigen Kirche ein Königshof im Zuge der Grenzsicherung angelegt wurde. Die Lage auf einem Felsen innerhalb der Schwarzachschleife war besonders günstig gewählt. Woher der Ort seinen Namen bekam, ist nicht eindeutig zu beantworten. Wahrscheinlich ist er von einem gleichlautenden Personennamen „Wendilo“ abgeleitet, während einer anderen Theorie zufolge die erste Befestigung einen Turm mit steinerner Wendel(treppe) gehabt haben soll. Irreführend ist jedenfalls die Inschrift des Steinhauerbrunnens auf dem Wendelsteiner Marktplatz (1878), nach der es „Wenden“, slawische Siedler waren, die hier eine erste Niederlassung gründeten.

An den Königshof gliederten sich weitere Höfe an, mit denen schon bald eine Bauern- und Handwerkersiedlung entstand. 1259 ist „Wendelsteyn“ erstmals urkundlich bezeugt. Der königliche Hof wurde nachweislich 1282 an die Burggrafen von Nürnberg verpfändet. Später wurde er in ein Amt verwandelt, das als Lehen der Burggrafen von Amtmännern verwaltet wurde. Seit dem 14. Jahrhundert sind Angehörige der Wendelsteiner Familie Amman als solche Amtleute und Richter nachweisbar. Bis 1467 besaßen verschiedene Nürnberger Bürger das Amt bzw. einzelne Höfe als Reichslehen oder Pfand.

Ein historisch kurioses Ereignis bescherte Wendelstein das Jahr 1467, als eine Aufteilung in zwei Herrschaftsbereiche erfolgte. Dabei gingen 3/4 des Gebiets an das Nürnberger Heilig-Geist-Spital und 1/4 an den Markgrafen Albrecht. Dies hatte u. a. für das Wendelsteiner Gericht zur Folge, daß der Richter drei Jahre lang von Nürnberg und ein weiteres Jahr von der Markgrafschaft Brandenburg-Ansbach eingesetzt wurde. Diese Regelung hatte bis 1808 Bestand, ehe das Wendelsteiner Gericht im Zuge der bayerischen Neuordnung aufgelöst wurde.

Als erste Gemeinde Frankens trat Wendelstein 1524 zum evangelischen Glauben über. Ein Streit der Wendelsteiner mit ihrem damaligen Pfarrer hatte den Konfessionswechsel begünstigt. 1529 wird Wendelstein erstmals als „Markt“ bezeichnet, ohne daß der Ort das Marktrecht jemals offiziell erhalten hat. Dies ist auf die politischen Spannungen zwischen der Reichsstadt Nürnberg und den Markgrafen zurückzuführen, die Wendelstein zunächst nicht befestigt sehen wollten.

Zu den wichtigsten örtlichen Handwerkszweigen zählten die Herstellung von Messern und Klingen, die ertragreiche Arbeit in der umliegenden Holzmark und die Papierherstellung in der Wendelsteiner Papiermühle.

Auf unserem Weg zur Kirche erreichen wir nach ein paar Schritten die Hauptstraße, wo wir den bereits erwähnten **Steinhauerbrunnen** (1878) sehen. Die Brunnenfigur ist als sprechende Darstellung des Ortsnamens zu verstehen, bei der ein Steinhauer einen großen Stein wendet, d. h. ihn vor sich her rollt. Die Inschrift gibt uns eine sonderbare - historisch nicht haltbare - Erklärung des Ortsnamens in Form eines gereimten Vierzeilers. Wir folgen weiter der Hauptstraße und passieren rechter Hand das **Alte Rathaus** (Nr. 18), das 1885 im Neorenaissancestil errichtet wurde.

Weiter die ansteigende Hauptstraße entlang, bis uns eine nach links abzweigende Straße zur **evang.-luth. Pfarrkirche St. Georg** bringt. Sie liegt erhöht über dem Schwarzachtal innerhalb des einstmals befestigten Friedhofs. Von der Befestigungsanlage aus der zweiten Hälfte des 15. Jahrhunderts blieben das Torhaus (Ecktürmchen erneuert), Teile der Mauer und des Wehrgangs erhalten.

Anfangs stand hier wahrscheinlich eine hölzerne Kirche, die zum benachbarten Königshof gehörte. Ein 1357 ausgestellter Ablaßbrief gibt uns erstmals urkundlich Nachricht von der Wendelsteiner Georgskirche. Auf die nachfolgende Bautätigkeit gehen heute noch der Unterbau des Turms und die westliche Langhauspartie zurück. Als Stifterin trat wohl die fromme Achahild in Erscheinung, die später in der Kirche ihre letzte Ruhe fand. Zu ihrer Grablege entwickelte sich aufgrund legendenhafter Wundererzählungen eine rege Wallfahrt, die bis zur Mitte des 15. Jahrhunderts ihren Höhepunkt erreichte. Sie wurde jäh unterbrochen, als markgräfliche Truppen 1449 große Teile der Kirche zusammen mit dem Ort vernichteten.

Der Wiederaufbau der Kirche schritt nur langsam voran. Zunächst plante man wohl, die gesamte Kirche von Osten her neu zu errichten. Nachdem der Chor und der daran anschließende östliche Teil des Langhauses fertiggestellt worden waren, begnügte man sich allerdings damit, das neu Erbaute mit der noch erhaltenen westlichen Langhauspartie zu verbinden. Lediglich die Achahildiskapelle im Langhauswesten neben dem Turm mußte wiedererrichtet werden.

1547 wurde südöstlich an die Kirche die Sakristei angefügt und der Turm mit zusätzlichen Geschossen versehen. 1731 fügte man der Kirche ihren runden Treppenturm auf der Nordseite an, der zum damals erweiterten Teil der Herrschaftsempore führt. 1882 schließlich wurde das oberste Turmgeschoß wieder abgebrochen und durch den heutigen 17 m hohen Aufsatz ersetzt.

1978/88 fanden umfangreiche Instandsetzungsarbeiten statt, bei denen ein Teil der Kirchenausstattung aus konservatorischen Gründen in das banachbarte Gemeindezentrum (Martin-Luther-Haus) verlagert wurde. Die Besichtigung der Stücke kann nur nach telefonischer Voranmeldung erfolgen (siehe weiter unten!). Den Schlüssel zur Kirche erhalten wir ebenfalls im Gemeindezentrum (durch den bei der Kirche befindlichen Torbogen und über den Platz hinüber zum Martin-Luther-Haus).

Das **Kircheninnere**, das wir von Südwesten her betreten, weist ein breitgelagertes, flachgedecktes Langhaus mit dreiseitig umlaufender Holzempore (1892) auf. Die unterschiedlichen Maßwerkformen der östlichen und westlichen Langhausfenster spiegeln die beiden Bauperioden der Kirche wieder. Die rückwärtige Seite des Langhauses öffnet sich in zwei profilierten Bögen (mittlerweile verglast), die Zugang zum Turm (links) und zur Achahildiskapelle geben. Letztere hat ein schönes spätgotisches Sterngewölbe mit Wappenschildern verschiedener Nürnberger Patrizier an den Kreuzungspunkten der Rippen aufzuweisen. Diese Nürnberger Familien, die Grundbesitz in Wendelstein hatten und die Kirche sicherlich auch mit Stiftungen ausstatteten, nahmen am Gottesdienst auf der Herrschaftsempore oberhalb der Kapelle teil.

Wie schon angedeutet, befinden sich bedeutende Stücke der **Kirchenausstattung** heute im Gemeindezentrum. Im Chor der Kirche verblieben ist der spätgotische Steinsarkophag mit vorgeblendeter Maßwerkverzierung, der auf einen Sockel gestellt als Altarmensa dient. Dabei handelt es sich um den sog. Achahildissarkophag, der seinen Platz einst in der westlich an das Langhaus angrenzenden Kapelle hatte. Das Grab der wundertätigen Achahild, die nie heilig gesprochen wurde, war im 14. und 15. Jahrhundert ein beliebtes Ziel von Wallfahrern. Das Altarkruzifix von 1529 befand sich ehedem an der Westwand des Langhauses und kam anstelle eines Flügelaltars mit bedeutenden Gemälden des Hans von Kulmbach (jetzt im Gemeindezentrum) zur Aufstellung.

Die Chorfenster schmücken mehrere Glasgemälde: Die Bilder Christi, Luthers und Melanchthons im Mittelfenster sind moderne Arbeiten von 1948. In den benachbarten Chorfenstern

sehen wir Wappenscheiben aus dem 16. Jahrhundert (neu montiert) sowie im linken Fenster unten ein Stifterbild von 1530. Vor dem Altar steht der Taufstein, der nunmehr in die Chormitte gerückt ist. Er besteht aus einem Sandsteinsockel mit gußeisernem Fuß und Becken von 1700; die kupferne Schüssel und der zugehörige Deckel sind moderne Zutaten. An der Chornordwand erregt das Sakramentshäuschen von ca. 1460 unsere Aufmerksamkeit. Der architektonische Aufbau mit spätgotischen Zierformen (die Figuren fehlen) bleibt hier der Wand noch flächenhaft verbunden. An der nördlichen und südlichen Chorwand steht das interessante, jüngst renovierte Chorgestühl der Kirche, das aus dem späten 15. Jahrhundert stammt. Rechts sehen wir auf einem der Rückenbretter das Wappen der Nürnberger Patrizierfamilie Groß. Unter den Schnitzfiguren an den Chorwänden sei besonders auf die spätgotische Figur des Gregorianischen Schmerzensmannes (um 1480) auf der Südseite hingewiesen. Weiterhin sind ein Kruzifix sowie die Konsolfiguren von Mose (li.) und Aaron (re.) zu sehen.

Eine kleine Besonderheit der Wendelsteiner Kirche ist außen an der Sakristei zu entdecken: Hier sorgt ein aus der Mauer hervorstehender Ausguß dafür, daß die letzten Tropfen des bei der Eucharistie verabreichten Weins, die nicht einfach weggespült werden durften, direkt in die geweihte Erde des angrenzenden Friedhofs fließen konnte.

Die Besichtigung des im **Gemeindezentrum** (Martin-Luther-Haus) ausgestellten Kircheninventars kann nur nach telefonischer Voranmeldung erfolgen: 09129/2865-21 (evang. Pfarramt Wendelstein). Unter den hier verwahrten Stücken seien hervorgehoben:

- Der spätgotische Flügelaltar, der ehedem als Retabel des Choraltars diente und kunsthistorisch von großer Bedeutung ist. Seine 1510 gemalten Flügelbilder stammen aus der Werkstatt des Hans von Kulmbach, eines Dürer-Schülers, der seinem Meister stets verbunden war.
- Unter den Epitaphien ist das Totenschild für den Pfarrer Johann Peck (gest. 1558) bemerkenswert, das einst an der südlichen Chorwand hing. Der in Gestalt einer Tartsche (mittelalterliches Schild) geformte Bildträger zeigt den Verstorbenen betend im Chorhemd wiedergegeben, umrahmt von einer Inschrift. Die

in diesem Zusammenhang seltene Darstellung und der Dargestellte selbst - zu erwarten wäre ein Adeliger oder Patrizier, der durch sein Wappen und eine Inschrift identifiziert ist - geben dem Totenschild eher den Charakter eines Gedächtnisbildes.

Der ehem. Amtssitz der Herren von Wendelstein, das **Schlößchen** (Kirchenstraße 3), befindet sich hinter dem Torbogen neben der Georgskirche. Die dreigeschossige Anlage mit Halbwalmdach und Ecktürmchen stammt in ihrer heutigen Gestalt aus dem 17. Jahrhundert. Das Areal um Kirche und Schlößchen beschreibt den Bezirk des ehem. Königshofes.

Falls wir noch Interesse haben, können wir einen kurzen Abstecher zur modernen **kath. Pfarrkirche St. Nikolaus** unternehmen (zurück auf die Hauptstraße, die dann bald in die Sperbersloher Straße übergeht). Sie wurde 1962-63 unter der Leitung des Nürnberger Architekten Peter Leonhardt errichtet. Nach dem Zweiten Weltkrieg hatten sich zahlreiche Heimatvertriebene in Wendelstein niedergelassen, wodurch die Mitgliederzahl der katholischen Gemeinde sprunghaft angestiegen war. Die alte katholische Nikolauskirche von 1895, die nach dem Zuzug von Arbeitern aus dem bayerischen Wald notwenig geworden war, mußte dann dem größeren Neubau weichen. Im Kircheninneren sind an der nördlichen Pfeilerreihe interessante Schnitzfiguren aufgestellt, unter denen der hl. Nikolaus und eine spätgotische Muttergottes besonders sehenswert sind.

Zurück zur Kanalbrücke und hinüber! Schon nach kurzer Zeit weisen die Muschelzeichen nach links und dirigieren uns ins Waldesinnere. Bald befinden wir uns im Steinbruchgebiet des Wernlochs. Wir haben jetzt einen schönen Forstweg unter den Füßen. Zu unserer Linken, in einer der tiefen Bruchgruben, liegt der von Regenwasser und einigen nicht sehr ergiebigen Quellzuflüssen gespeiste „See“. An dessen Ende betreten wir die Steinbruchsohle und peilen halblinks zwischen zwei wassergefüllten Gruben den Steig an, der uns links der hohen Wand steil hinauf zum Bruchrand befördert. Oben erwartet uns ein Weg, auf dem wir rechts weiterwandern. Er wird zum Pfad, der halblinks biegt und durch Gestein sowie neben Bruchmulden ganz sachte ansteigt.

Nach einem Weilchen erreichen wir eine kleine Ausweitung; hier müssen wir uns rechts halten! Auf der anderen Seite des Höhenzugs angekommen, geht es bergab. Bei der Wegteilung benützen wir den oberen Weg, der einen Rechtsbogen beschreibt. Unten schwenken wir links in ein Forststräßchen ein, auf dem wir die Autobahn überschreiten. Jenseits der Brücke folgen wir zunächst dem halblinken Forstweg, biegen aber bereits nach wenigen Schritten markierungsgemäß in den sich links lösenden Waldpfad ein. Durch romantische Partien (Vorsicht: beiderseits Bruchgruben!) bringt er uns vollends auf die Höhe des Glaserbergs. Etwas später stehen wir vor einer Weggabelung; wir wandern geradeaus, wobei wir alte Steinbruchgruben umgehen! Schließlich lotst uns die Markierung auf einem engen Pfad zu einer Wegspinne, von der aus wir zu den ehemaligen Holsteinbrüchen auf dem Worzeldorfer Berg emporsteigen. Wir spazieren über das einstige Bruchgelände und kommen nicht lange danach durch einen schönen Mischwald zu einer Lichtung. Nachdem wir sie schräg gequert haben, schleust uns ein schmaler Steig hinab auf einen Zufahrtsweg, der uns an der vielbefahrenen „Schwanstetter Straße" abliefert. Vorsichtig überschreiten wir sie leicht versetzt und durchlaufen das kleine Waldstück, das uns vom alten Ludwigskanal trennt.

Der 173 Kilometer lange Kanal wurde 1836 - 1846 unter dem bayerischen König Ludwig I. erbaut. Die Höhendifferenz von 183 Metern überbrückte man durch 100 Schleusen. 70 Dämme, 60 Einschnitte und 117 Brücken wurden errichtet, ferner zahlreiche Schutztore, Kanalwärterhäuschen, Brückkanäle (=Talüberführungen), Bachunterführungen, Wasserzu- und Überläufe. Obwohl sich der Kanal schon nach seiner Fertigstellung als relativ bedeutungslos erwies, gehört er zu den technischen Meisterleistungen des frühen 19. Jahrhunderts. Er war befahrbar für Schiffe bis zu 120 Tonnen (Normaltiefe 1,46 m; Breite oben rd. 18 m, unten 9,5 m), die zwischendurch von Pferden gezogen wurden, welche auf den Treidelpfaden beiderseits des Kanals gingen.

Die Häuser zu unserer Linken gehören zu **Worzeldorf**. Der Ort, in der Mitte des 13. Jahrhundert als „Woltzendorff" bezeichnet, verdankt seinen Namen wohl einem gewissen „Wolzo". Das einstige Reichsdorf wurde von Kaiser Ludwig dem Bayern an den

Nürnberger Patrizier Konrad Groß verpfändet. Dieser wiederum brachte Worzeldorf zusammen mit den Anwesen anderer Orte in seine Stiftung einer Klause für fromme Frauen in Pillenreuth (siehe dort!) mit ein.

Als das Pillenreuther Kloster Mitte des 16. Jahrhunderts aufgelöst wurde, fiel Worzeldorf zusammen mit den anderen Klostergütern an die Reichsstadt Nürnberg. Erst der Bau des Ludwigskanals im 19. Jahrhundert sorgte für wachsende Einwohnerzahlen. Nördlich des Kanals entstand die moderne Siedlung „Neu-Worzeldorf". 1972 erfolgte die Eingemeindung Worzeldorfs in das Nürnberger Stadtgebiet.

Zu den ältesten Gebäuden im Ort zählt die Gastwirtschaft „Schwarzer Adler" (Worzeldorfer Hauptstraße 15). Als Worzeldorf noch zum Pillenreuther Kloster gehörte, wurde hier - im Vorgängerbau - Filialgottesdienst gehalten und auf dem Speicher das Zehntgetreide des Klosters gelagert. Von kulturhistorischem Interesse ist die alte Worzeldorfer Gemeindeordnung von 1564 (Staatsarchiv Nürnberg), die damals das dörfliche Alltagsleben regelte.

Wir wenden uns nach rechts, überbrücken nach wenigen Minuten bei der Schleuse 69 den Kanal und verschwinden geradewegs im Wald. Nicht lange, nachdem eine schnurgerade Waldstraße gekreuzt wurde, passieren wir das Bienenheim „Edels-

garten" und treffen auf ein Asphaltsträßchen. Wir folgen ihm rechts und betreten durch einen Torbogen den ehemaligen Klosterbereich von ***Pillenreuth****.*

Vom **ehem. Kloster Pillenreuth** sind nur wenige Gebäude und vereinzelte Mauerreste erhalten geblieben. Anhand der noch vorhandenen Klosterarchitektur wollen wir versuchen, einen Eindruck vom ursprünglichen Aussehen der Anlage zu gewinnen.

Das zinnenbewehrte Eingangstor hat uns von Osten her in das Klosterareal geführt. Rechter Hand liegt die alte Zehntscheune, etwas weiter des Weges folgen Stallungen und anschließend der noch gut erhaltene Klostermeierhof (mit dem Nürnberger Wappen über der Tür). Am Ende des Weges kommt bereits das zweite Klostertor im Westen, das sog. Nürnberger Tor, in unser Blickfeld.

Wir wollen kurz innehalten, um uns zu orientieren! Ein mittelalterliches Kloster war traditionell in zwei Bereiche unterteilt, ein sog. „äußeres" und ein „inneres" Kloster. Die gesamte Anlage war von Klostermauern und einem Wassergraben umgeben, die Schutz boten und den Zutritt fremder Personen kontrollierbar machten. In Pillenreuth haben sich nur spärliche Reste der Klostermauern erhalten, da sie in späterer Zeit als „Steinbruch" beliebt waren.

Die angesprochene Zweiteilung einer Klosteranlage läßt sich auch in Pillenreuth noch feststellen, wobei wir uns momentan am nördlichen Rand des äußeren Klosters befinden. Links von unserem Weg, ungefähr in der Mitte zwischen den beiden Toren, zweigt ein schmaler Pfad ab, der in den weiter ausgedehnten südlichen Teil führt. (Wir bleiben aber auf dem Hauptweg!) Hier standen einst die Gebäude der Bediensteten, ein Gästehaus sowie das sog. Büßerinnenhaus, in dem ehem. Prostituierte wieder zu einem tugendsamen Leben erzogen werden sollten. Sämtliche ehem. hier befindlichen Gebäude sind heute spurlos verschwunden. Auch von der südlichen Umfassungsmauer ist inzwischen nichts mehr zu sehen, da ihre Steine im 19. Jahrhundert für die Errichtung der drei Worzeldorfer Schleusen des Ludwig-Donau-Main-Kanals verwendet wurden.

Wir folgen weiter dem Hauptweg und gelangen unmittelbar hinter dem Klostermeierhof rechts zu einer Einfahrt. Hier befinden sich die beiden alten Eingänge, die in den Bereich des inneren Klosters führten. Bevor wir uns diesem Teil der Anlage zuwenden, zunächst noch einige Angaben zur Pillenreuther **Klostergeschichte**.

Pillenreuth wird urkundlich erstmals 1302 als „Bilnreuth" erwähnt, was möglicherweise die Rodung eines Siedlers namens Billo meint. Der Ort ging aus einem einzelnen Zeidelhof hervor, auf dem man Bienenzucht betrieb. Dieser Zeidelhof befand sich nachweislich im Besitz eines Konrad Stör, ehe ihn später der Patrizier Konrad Groß, Begründer des Nürnberger Heiliggeistspitals, übernahm. Er stiftete das Anwesen zusammen mit anderen 1345 zur Gründung einer Klause, dem späteren Pillenreuther Kloster.

Die anfängliche Gründung einer Klause für fromme Frauen erfolgte auf kaiserliche Anregung Ludwigs des Bayern. Konrad Groß stattete die Gründung mit dem Grundbesitz Pillenreuth sowie den Höfen der Dörfer Herpersdorf und Worzeldorf aus. Zusammen mit dem Fischzehnt aus den nahen Weihern sicherten die Höfe der Klause ein regelmäßiges Einkommen. Erst 1379 erfolgte die Umwandlung in ein Augustinerinnenkloster. Fortan lebten hier eine gewählte Pröpstin und zwölf Nonnen mit bis zu drei Novizinnen nach der Regel des hl. Augustinus. Wie schon die Klause war auch das Kloster „Mariae Schiedung" (Mariä Himmelfahrt) geweiht. 1392 stellte sich Pillenreuth vertraglich unter den Schutz und die weltliche Aufsicht der Reichsstadt Nürnberg.

Zu den ältesten Klostergebäuden, die aus Stein errichtet wurden, zählte eine Kapelle von 1356. Unter der Regentschaft der Pröpstin Barbara Haßlach (1406-26) wurde sie durch eine neue, große Klosterkirche (Weihe 1418) ersetzt. Aus derselben Zeit stammte auch das Nonnenhaus mit Refektorium (Speisesaal) und Dormitorium (Schlafsaal). 1493/1510 erhielt die Kirche unter der Pröpstin Anna Schlüsselfelder einen gegen Norden vorgelagerten Kreuzgang.

Um 1430 und 1449/50 mußten die Nonnen erstmals vor kriegerischen Auseinandersetzungen in das Nürnberger Klarakloster fliehen. Damals machte sich Pillenreuth durch den „Streit bei den Weihern", auch als sog. „Pillenreuther Fischerstechen" bekannt, historisch einen Namen. Bei den rund 300 m südlich von Pillenreuth gelegenen Weihern konnten die Nürnberger im Kampf gegen den Markgrafen Albrecht Achilles 1450 ihren größten Sieg erringen.

Als Nürnberg 1525 evangelisch wurde, verbot es den Klöstern in seinem weltlichen Herrschaftsbereich neue Novizen aufzunehmen. Im Zweiten Markgrafenkrieg 1552 schließlich wurden sämtliche Kostergebäude und die Klosterkirche zerstört. Damit fand die 200jährige Geschichte des Klosters Pillenreuth ihr Ende.

Die Gebäudereste gingen 1591 an Nürnberg und kamen ein Jahr später in Privatbesitz. Innerhalb der ehem. Klostermauern entstanden mehrere Anwesen, die manche der Gebäudereste für landwirtschaftliche Zwecke ausbauten.

Das **innere Kloster**, vor dessen Eingang wir jetzt stehen, umfaßte die Wohngebäude der Nonnen und der Pröpstin, sowie die Klosterkirche. In der Regel war es keinem Mann gestattet, dieses innere, eigens ummauerte Areal, die sog. Klausur, zu betreten. Von den beiden heute noch sichtbaren Zugängen wurde das große Tor (die heutige Einfahrt) lediglich für Fuhrwerke geöffnet. Der eigentliche Zugang erfolgte durch das kleine Tor rechts, das in einen Vorraum mit einer zweiten inneren Pforte mit Sprechfenster führte. Den Pfortendienst für die Tore zum inneren Kloster hatte der Verwalter des benachbarten Klostermeierhofs inne.

Das kleine Tor rechts ermöglichte zugleich auch den Laien den Zutritt zur Kirche. Von der ehem. Klosterkirche, die wohl 1418 vollendet war, und dem späteren, im Nordwesten angefügten ehem. Kreuzgang (1493/1510) blieb so gut wie nichts erhalten. Sie befanden sich beide im vorderen rechten Bereich des heutigen Hofs. Nordöstlich an die Kirche schloß sich das Kapitelhaus an, in dem über alle Ordensangelegenheiten beraten und entschieden wurde. Weiter nördlich lag die ehem. Kapelle, die als ältestes steinernes Klostergebäude und Gotteshaus um 1380 erbaut wurde. Nachdem sie von der neu errichteten Klosterkirche abgelöst worden war, diente die Kapelle als Strafraum für Nonnen, die sich etwas zuschulden hatten kommen lassen.

Linker Hand stehen heute zwei längsgerichtete Gebäude, die aus den Ruinen des einstigen Nonnenhauses (um 1415) entstanden sind. Im ursprünglich einheitlichen Gebäudetrakt befanden sich hier die Speise- und Schlafräume der Nonnen und Laienschwestern. Das letzte Gebäude auf der rechten Seite, die heutige Gaststätte „Zum Klösterle“, war einst das Pröpstinnenhaus, in dem die Klostervorsteherin residierte. Das Gebäude befindet sich im Areal des sog. Lustgartens, das sich östlich des inneren Klosters ausbreitet.

Wir verlassen das „Klösterle“, wie es liebevoll genannt wird, durch das sog. Nürnberger Tor (1604/05) im Westen. Nachdem dieses Sandsteinportal 1990 durch einen Traktorfahrer zum Einsturz gebracht worden war (NN 11.07.1990), mußte es wiedererrichtet werden. Von der ehem. Umfassungsmauer des Klosters sind hier noch einige Reste zu sehen, die sich zu beiden Seiten anschließen.

Durch die „Konrad-Stör-Straße“ und die „Propsteistraße“ lotst uns die Jakobsmuschel zum verkehrsreichen „Marthweg“, den wir unter Benutzung der Fußgängerampel überqueren. Bei der Bushaltestelle rechts in den Wald, in gleichbleibender Richtung zum Main-Donau-Kanal, etwas weiter links unter ihm hindurch und geradeaus! Anfangs ist der Weg geschottert, dann haben wir einen grasigen Waldweg unter den Füßen. Er mündet nach einer Weile in einen schönen Forstweg, der den stark mäandernden Eichenwaldgraben quert und längere Zeit neben ihm hinzieht. Unsere Waldwanderung endet an einer ziemlich breiten Asphaltstraße („Vorjurastraße“). Hinüber und direkt zur S-Bahn-Station ***Reichelsdorf****! Wir unterschreiten die Bahnsteige und marschieren auf dem fast ständig parallel zur „Waldstromerstraße“ verlaufenden Fußweg an der Kirche vorbei hinab zur „Reichelsdorfer Hauptstraße“.*

Hinweis: *Vom Bahnhof Reichelsdorf aus besteht die Möglichkeit mit dem Zug die Innenstadt von Nürnberg zu erreichen, um dort die Zeugnisse der Jakobuswallfahrt zu besichtigen (Jakobskirche, zwei Pilgerspitäler). Dazu besteigen wir am Bahnhof den Zug in Richtung Nürnberg Hauptbahnhof. Dort steigen wir um in die U-Bahn Linie 1 und fahren zwei Stationen bis Haltestelle „Weißer Turm“. Von dort sind es nur wenige Schritte bis zum Jakobsplatz mit der gleichnamigen Kirche. Die Beschreibung der Sehenswürdigkeiten in Nürnberg findet man in dem Band „Auf dem Jakobsweg von Nürnberg über Heilsbronn nach Rothenburg ob der Tauber“, der ebenfalls im Seehars-Verlag erschienen ist.*

Falls wir uns ein wenig Zeit nehmen wollen, können wir einen kurzen Abstecher zu den nahe beieinander liegenden Reichelsdorfer Kirchen unternehmen.

Reichelsdorf gehörte ursprünglich zur Pfarrei Katzwang, ab 1447 dann zu Eibach. Eine 1512 von den Waldstromern errichtete, der hl. Anna geweihte Kapelle fiel schon wenige Jahre später den Streitigkeiten zwischen Ansbach und Nürnberg zum Opfer. 1560 wurde Reichelsdorf wieder nach Katzwang umgepfarrt. Heute gibt es hier eine evangelisch-lutherische und eine katholische Pfarrkirche aus moderner Zeit.

Die **evang.-luth. Philippuskirche** (Beim Wahlbaum 22), die wir auf unserem Weg streifen, entstand infolge der Unabhängigkeitsbestrebungen der evangelischen Reichelsdorfer, die sich seit 1908 in behelfsmäßigen Räumen zum Gottesdienst versammelten. Der örtliche Kirchenbauverein erwarb 1912 ein Kirchengrundstück, auf dem allerdings erst 1925 und dann auch „nur" ein Pfarrhaus gebaut werden konnte. Aus Geldmangel entschloß man sich 1926 zum Ankauf einer zerlegbaren Flugzeughalle, die man behelfsmäßig als Notkirche einrichtete. 1964-65 schließlich entstand die heutige Philippuskirche mit ihrem weithin sichtbaren roten Turm nach dem Entwurf des Würzburger Architekten Johannes Sauer. Der Zentralraum über schräg gestelltem Grundriß wirkt im Inneren etwas nüchtern.

Nur ein paar Straßen weiter - aus der Kirche kommend links, die nächste Straße rechts und dann wieder links über den kleinen Platz - gelangt man zur **kath. Pfarrkirche „Heilige Familie"**. Sie wurde 1929 nach Plänen des Nürnberger Architekten Rolf Behringer erbaut. Bis 1930, als die Kirche geweiht wurde, war nur ein erster Bauabschnitt des insgesamt zu weitläufig geplanten Bauunternehmens vollendet. 1932 erhielt Reichelsdorf einen eigenen katholischen Seelsorger und wurde zugleich Tochterkirchengemeinde Eibachs (sog. Expositur). 1934 wurde das Pfarrhaus errichtet. Die Erhebung zur selbständigen kath. Pfarrei erfolgte schließlich 1949.

1966-68 fand eine bauliche Erweiterung der Kirche nach Westen sowie eine Umgestaltung des Inneren durch Peter Leonhardt statt. Erst 1968, nach Abschluß dieser Arbeiten, wurde die Kirche unter dem Namen „Heilige Familie" geweiht (davor St. Joseph).

Besonders die Gestaltung des Äußeren weist die typische, als „expressionistisch" zu bezeichnende Formensprache der damaligen Zeit auf. Zackenformen, wie sie der Fries unterhalb des Dachgesimses zeigt, und betont handwerkliche Mauerwerkornamentik, wie wir sie am kleinen Chorerker sehen (hier das Monogramm RB des Architekten), sind kennzeichend für die Sakralarchitektur jener Jahre.

Ansonsten hat der im Süden Nürnbergs gelegene Vorort, der sich entlang der B2 (Reichelsdorfer Hauptstraße) zwischen dem Rednitzgrund und der Eisenbahnlinie Nürnberg-Schwabach erstreckt, auf den ersten Blick wenig Geschichtsträchtiges aufzuweisen. Die Großbauten der letzten Jahrzehnte haben das Erscheinungsbild des früheren Dorfes grundlegend verändert.

Reichelsdorf tritt urkundlich 1299 mit einem „Sifrit von Reicholtsdorf" in Erscheinung. Der Ortsname wird als „Siedlung eines Richolt" gedeutet. Für das Jahr 1336 ist belegt, daß Conrad Waldstromer die Forsthube (Forstbezirk) und die Mühle (ab 1500 Mühlhof genannt) erwarb. Durch weitere gezielte Ankäufe gelang es den Waldstromern, bis 1389 eine nahezu geschlossene Grundherrschaft um Reichelsdorf zu erlangen. 1539 jedoch verkauften sie den größten Teil ihres Besitzes an die Markgrafen von Ansbach. Die Forsthube und der Herrensitz gingen dagegen 1550 in Nürnberger Besitz über. Damit wurde Reichelsdorf in die ständigen Streitigkeiten zwischen der Markgrafschaft und der Reichsstadt verwickelt. Bereits im Zweiten Markgrafenkrieg 1552 wurde der Nürnbergische Ortsteil zusammen mit dem Herrensitz niedergebrannt. Im Dreißigjährigen Krieg hatte Reichelsdorf erneut schwer zu leiden. 1634 fiel nahezu der gesamte Ort der Zerstörung anheim und wurde danach nur langsam wiederaufgebaut.

1796 kam Reichelsdorf mit dem Ansbacher Fürstentum kurzfristig unter preußische Herrschaft, 1806 dann ins neu gegründete Königreich Bayern. 1808 wurde Reichelsdorf im Zuge der neuen Behördenorganisation selbständige Landgemeinde. Der Anschluß an die Eisenbahnlinie Nürnberg-Schwabach brachte 1849 wachsende Einwohnerzahlen. 1922 erfolgte auf eigenen Wunsch hin die Eingemeindung von Reichelsdorf und Mühlhof nach Nürnberg.

An der Reichelsdorfer Straße treffen wir auf das **sog. markgräfliche oder brandenburgische Wirtshaus** (Nr. 162). Es erhielt seinen Namen 1539, als es in den Besitz des Ansbacher Markgrafen überging. Nach mehrmaliger Zerstörung wurde das Wirtshaus 1680 in seiner heutigen Gestalt wiedererrichtet. Der Sechsstern über dem Portal auf der Nordseite ist das alte Zeichen der Schankgerechtigkeit, nach der hier Bier gebraut und ausgeschenkt werden durfte.

Falls wir noch einen kurzen Umweg in Kauf nehmen wollen, gehen wir (entgegen unserer Markierung) die Reichelsdorfer Hauptstraße ein Stück weit nach links in Richtung Ortsausgang und biegen dann auf der linken Seite in die Schalckhaußerstraße ein. Nach ein paar Schritten stehen wir vor dem Anwesen Nr. 26, hinter dem sich das **Waldstromer-Schlößchen** verbirgt. Es handelt sich um den einstigen Herrensitz der Forsthube, die die Waldstromer 1336 erworben hatten. Ein erster Schloßbau aus dem 14. Jahrhundert wurde nach Zerstörung im Zweiten Markgrafenkrieg erst 1574 wiederhergestellt. Ab 1599 saß hier die Nürnberger Familie Kötzler, die das jetzige Schloß errichten ließ (1636 nach teilweiser Zerstörung wieder aufgebaut); das Wappen der Kötzler befindet sich über dem heutigen Portal. Die Gebäude des Wirtschaftshofes wurden um 1730 erneuert.

Von der „Reichelsdorfer Hauptstraße" leitet uns die Markierung durch den „Unteren Grund" hinab ins breite Rednitztal. Auf einem geteerten Weg spazieren wir geradeaus durch die Wiesen; im Blickfeld haben wir die Reichelsdorfer Hochhäuser. An der „Koppenhofer Straße" angelangt, wenden wir uns nach links und überschreiten die Rednitz. Unmittelbar nach der Brücke schwenken wir rechts in einen Fußweg ein, auf dem wir durch das Uferwäldchen des Flussen pirschen.

Ziel und Anschluß zum Jakobsweg nach Rothenburg: Stein-Deutenbach

*Bei der **Gerasmühle** kommen wir heraus. Ursprünglich bildete der Ort zusammen mit Lohhof und Koppenhof die Ortschaft Gentersdorf, woraus die Namen „Gerhersdorf" und „Gerhardshof" hervorgingen.*

Im 13. Jahrhundert kam die Siedlung als Geschenk des Bruno von Lauffenholz an das Kloster Engelthal. Um 1300 entstand eine Mühle an der Rednitz, aus der 1492 ein Messinghammer und später eine Pulvermühle wurde. Nach mehrfacher Zerstörung wurde 1634 eine neue Mahlmühle errichtet. Seit 1708 ist die Gerasmühle im Besitz der aus der Oberpfalz zugezogenen Familie Weidner, die hier ein Bronzewerk begründete.

Auf der Straße zuerst rechts, dann mit ihr im Linksbogen weiter. Neben dem „Jagdweg" laufen wir bergauf, bis bei den ersten Häusern von **Deutenbach** *rechts drüben die „Waldstraße" abzweigt. Wir biegen an dieser Stelle links in den Waldweg ein, passieren den Hundeabrichteplatz und wandern in unveränderter Richtung auf einem Pfad zwischen Acker und Baum-Busch-Reihe zu einem Feldweg. Diesem folgen wir nur so lange, bis nach dem Wäldchen eine Grasfuhre quert. Sie bringt uns schräg rechts hinunter und zum „Jagdweg" zurück. An dessen Ende halten wir uns links und stehen gleich darauf vor der Informationstafel der Stadt Stein, die uns über den weiteren Verlauf des Jakobswegs über Heilsbronn nach Rothenburg o.d.T. unterrichtet.*

Vom Anschluß an den Jakobsweg „Nürnberg über Heilsbronn nach Rothenburg o.d.T." in Stein-Deutenbach besteht die Möglichkeit mit dem Bus und der U-Bahn die Sehenswürdigkeiten die den Jakobus-Weg in Nürnberg betreffen, zu besuchen. Dazu besteigen wir in Deutenbach den Bus Nr. 63, der uns nach Nürnberg-Röthenbach bringt. Von dort fahren wir mit der U-Bahn Linie 2 bis zur Haltestelle „Plärrer". Durch das Ludwigs-Tor gelangen wir auf der Ludwigstraße zum Jakobsplatz mit der Jakobskirche. Die Kirche und die andere Zeugnisse der Jakobuswallfahrt sind im Band „Auf dem Jakobsweg von Nürnberg über Heilsbronn nach Rothenburg ob der Tauber" eingehend beschrieben.

Literaturhinweise

Die Kunstdenkmäler entlang des Weges in Gesamtdarstellungen

Bayerische Kunstdenkmale. Hrsg. von Michael Petztet u. Tilmann Breuer; Heinrich Kreisel u. Adam Horn. X. Günther P. Fehring u. Anton Ress: Die Stadt Nürnberg. Kurzinventar. 2. Aufl. München 1977. XI. August Gebessler: Landkreis Nürnberg. Kurzinventar. München 1961.

Dehio, Georg: Handbuch der deutschen Kunstdenkmäler. Neubearb. besorgt durch die Vereinigung zur Herausgabe des Dehio-Handbuches. Bayern. Bd. 1: Franken. Bearb. von Tilmann Breuer u. a. München 1979. Bd. 5: Regensburg und die Oberpfalz. Bearb. von Jolanda Drexler u. Achim Hubel. München 1991.

Denkmäler in Bayern. Hrsg. von Michael Petzet, Bayerisches Landesamt für Denkmalpflege. III.: Oberpfalz. Bearb. von Sixtus Lampl. München 1986. V.: Mittelfranken. Bearb. von Hans Wolfram Lübbeke. München 1986.

Handbuch der historischen Stätten Deutschlands. Bd. 7: Bayern. Hrsg. von Karl Bosl. 3., überarb. Aufl. Stuttgart 1981.

Die Kunstdenkmäler des Königreichs Bayern. Hrsg. von Georg Hager.
II. Bezirksamt Neunburg v. W. Bearb. von Georg Hager. Unveränd. Nachdr. der Ausg. München 1906, München, Wien 1983. IV. Bezirksamt Parsberg. Bearb. von Friedrich Hermann Hofmann. Unveränd. Nachdr. der Ausg. München 1906, München, Wien 1983. V. Bezirksamt Burglengenfeld. Bearb. von Georg Hager. Unveränd. Nachdr. der Ausg. München 1906, München, Wien 1983. VII. Bezirksamt Oberviechtach. Bearb. von Georg Hager. Unveränd. Nachdr. der Ausg. München 1906, München, Wien 1983. VIII. Bezirksamt Vohenstrauss. Bearb. von Richard Hoffmann u. Georg Hager. Unveränd. Nachdr. der Ausg. München 1907, München, Wien 1982. XV. Bezirksamt Amberg. Bearb. von Felix Mader. Unveränd. Nachdr. der Ausg. München 1908, München, Wien 1982. XVII. Stadt und Bezirksamt Neumarkt. Bearb. von Friedrich Hermann Hofmann u. Felix Mader. Unveränd. Nachdruck der Ausg. München 1909, München, Wien 1982. XVIII. Bezirksamt Nabburg. Bearb. von Richard Hoffmann u. Felix Mader. Unveränd. Nachdruck der Ausg. München 1910, München, Wien 1983.

Die Kunstdenkmäler von Bayern. Hrsg. von Georg Lill. VII. Stadt und Landkreis Schwabach. Bearb. von Karl Gröber u. Felix Mader. München 1939.

Sieghardt, August: Nürnberger Umland. Landschaft und Volkstum, Kunst, Kultur, Geschichte. Gesamtausgabe. 3.: Um Altdorf und Schwabach. Nürnberg 1956.

Sieghardt, August: Die Oberpfalz. Landschaft, Geschichte, Kultur, Kunst. 3., verb. u. durch Heinz Schauwecker erg. Aufl. Nürnberg 1965.

Weiterhin verwendete Literatur zu den betreffenden Landkreisen, Gebieten, Ortschaften und Kunstdenkmälern sowie allgemeine Fachlexika konnten aus Platzgründen nicht aufgelistet werden. Besonders hilfreich waren die vor Ort erhältlichen Kirchenführer sowie zahlreiche Heimatbücher, Jubiläums- und Gedenkschriften einzelner Ortschaften.

Gedankt sei an dieser Stelle den Pfarrern der am Weg liegenden Jakobskirchen für die Bereitstellung informationsreicher Texte und Schriften über ihre Kirchen. Ebenfalls hilfreich waren die Vorarbeiten, die Manfred Bayer für die Beschreibung der Kunstdenkmäler leistete. Besonderer Dank sei denjenigen Personen ausgesprochen, die mir Einlaß in die Kirchen verschafften und bei dieser Gelegenheit noch manchen nützlichen Hinweis gaben.

Nachweis der Abbildungen

Titelbild: Jakobus an der Brücke in Hohenburg (Foto: Neumeister)
Bild Rückseite: Jakobus als Schlußstein in Kastl
Christian Neumeister: Seite: 10, 18, 29, 32, 37, 48, 65, 72, 91, 97, 101, 107, 110, 120, 122, 134, 142
Rüdiger Scholz: Seite: 86, 94, 104, 115, 118, 124, 130
Wolfram Unger: Seite: 81
Sonstige: F. Seehars

Ortsverzeichnis; in Klammern: jeweilige Gemeinde, zu der der Ort gehört